朝日新書
Asahi Shinsho 019

下流同盟

——格差社会とファスト風土

三浦　展〔編著〕

朝日新聞社

下流同盟——格差社会とファスト風土　目次

目次

プレスリーの家で歌ったり踊ったりした
小泉純一郎前首相（AP/WWP）

第 1 章

下流社会とファスト風土

三浦 展（消費社会研究家）

俺は日本のプレスリー

２００６年6月30日、アメリカを訪問していた小泉首相（当時）は、ブッシュ大統領の招きにより、メンフィスにあるあこがれのエルビス・プレスリーの家「グレースランド」を訪れた。「夢のようだ！」と興奮した首相は、『ラブ・ミー・テンダー』『好きにならずにいられない』などのヒット曲を次々に歌い、ギターを弾くまねをしたり、プレスリーのサングラスをかけたりして大はしゃぎ。プレスリーの娘であるリサ・マリーさんの肩に手を回し、「ホールド・ミー・クロース、ホールド・ミー・タイト」（しっかり、きつく僕を抱きしめてくれ）と歌い、記者会見では「アメリカの皆さん、私をやさしく愛して（ラブ・ミー・テンダー）くれてありがとう」と挨拶した。

いつも世界中を呆《あき》れさせているブッシュ大統領さえ、さすがに首相のパフォーマンスには半ば呆れ顔で、「彼がプレスリーを愛しているのは知っていたが、これほど愛しているとは気がつかなかったよ」と言った。ＣＮＮ、ＡＢＣ、ＮＢＣ、ＦＯＸなどの主要テレビ局も、首相の様子を夕方のトップニュースで伝え、ＮＢＣテレビは、「日本で最も熱心なエルビス・ファンであるコイズミは、何とも一国の首相らしくないやり方でそれを示した」とコメントした。『ニューヨーク・タイムズ』は書いている。小泉首相は「日本で最も有名な物まね芸人」であり「ブッシュの最も親密な友人のひとりである。だからこのメンフィスへの旅は、コイズミの任期満了に対する贈り物であると同時に、テロとの戦いへの支援に対する感謝を表していた」。

物まね芸人か。30年ほど前、吉幾三が『俺はぜったい! プレスリー』という曲をヒットさせたのを思い出した。「俺は田舎のプレスリー イエイ イエイ イエイ」といった歌詞だった。小泉首相のアメリカ好きは、今さら指摘するまでもない。しかし、そのアメリカ好きの根拠が、アメリカの政治体制への共感にあるのではなく、プレスリーへの愛にあったのかと思わせるような出来事だった。そして、たとえ物まね芸人であったにせよ、日本における小泉首相の人気はアメリカにおけるプレスリー並みだったと言ってもさほど大げさではない。

彼はアメリカを愛している。そしてアメリカに、やさしく愛され、しっかり、きつく抱きしめられたいと思っている。それは偏愛とすら言えるものだ。

これまでの自民党のどの総裁ですら、いやいやながらも親米にならざるを得ないという気持ちがどこかにあったと思う。しかしコイズミは違う。よろこんでアメリカの物まねをする芸人、ではなく、アメリカを愛する政治家だったのだ。

下流社会化とファスト風土化の根は一つ

誤解のないように最初に書いておくが、私は反米でも親米でもない。安保反対でもなければ、護憲主義者でもない。小泉さんも嫌いではない。

ただ私は、戦争が嫌いで、特に石油利権のために他国に爆弾を落とす戦争には賛成できないというだけのことにすぎない。さらに言えば、世界中をアメリカのような国にすることが最高の善であるというアメリカの信念には大きな疑問を持つ。そういう信念に基づく戦争には反対だし、戦争でなくても、経済活動であっても、世界中を一つの均質な市場にしてしまうグローバリゼーションには大きな疑問を感じる。

私は政治に疎《うと》いが、ヨーロッパの諸国は、たとえ今回の戦争に参加した場合でも、世界のアメリカ化に賛成しているわけではないだろう。それはあくまで個別の戦争への参加にすぎない。戦争に協力したからと言って、自分の国がアメリカと同じになってしまうことには反対する国ばかりであろう。

ところが日本という国は、何から何までアメリカに追随しようとする。政治、経済のみならず、生活も教育も国土もアメリカと同盟しようとしている。一体それはわれわれに何をもたらすのか？

本書のメインテーマは、本章のタイトルが示すとおり「下流社会とファスト風土」である。下流社会もファスト風土も私の造語だが、下流社会化とファスト風土化は、実は同じ一つの大きな流れを別の角度から見ることで生まれた言葉だと言える。

つまり、日本の経済、社会のグローバリゼーションあるいはアメリカ化という流れを、社会構造面から見れば下流社会化であり、国土構造面から見ればファスト風土化ということである。両者は相互促進的な関係にあって、つまり、下流社会化が進めばファスト風土化が進み、ファスト風土化が進めば下流社会化が進むという関係にある。あたかも、日米両国が下流社会化に向けて同盟を結んだかのようである。しかも、その流れは、日本のみならず、ヨーロッパ、アジア、中南米など世界中に拡大しているように見える。

以下では、拙著『ファスト風土化する日本』『脱ファスト風土宣言』をお読みでない方のために、ファスト風土論について復習させていただきながら、ファスト風土化の問題と下流社会化の関係について考えていくことにする。

私は、2004年9月に『ファスト風土化する日本』を上梓した。大型店の出店規制が緩和された近年、日本中の地方の郊外農村部のロードサイドに大型商業施設が急増し、その結果、本来固有の歴史と自然を持っていた地方の風土が、まるでファストフードのように均質なものになってしまったのではないか、というのが当時の私の問題意識であった。

では、ファスト風土化のどこが問題なのか。

環境・エネルギー問題

ファスト風土においては、人は郊外に住んで、郊外で働き、郊外で買物をする。そのためには、自動車が不可欠である。しかしそういうライフスタイルは、石油を大量消費し、CO_2を大量に排出し、温暖化を促進する。

しかも、日本の地方郊外のショッピングセンターはほぼ365日営業、食品売場は24時間営業していることも多い。その間、巨大な売場を冷暖房している。恐ろしいほどのエネルギー浪費である。

自然と社会の四重の破壊

ファスト風土化は地域社会を四重に破壊する。

まず日本に本来あった豊かな自然を破壊している。それは同時に、その農村や山村の地域社会も破壊している。

また、ファスト風土化は、歴史ある中心市街地を破壊する。いわゆるシャッター通りの問題である。そしてそのことは、都市の中の地域社会をも破壊する。

農村、山村、そして中心市街地における地域社会の破壊は、単に自然や都市の風景を破壊するというだけでなく、そこにあった地域の歴史の否定であり、歴史によってはぐくまれた地域への愛着、アイデンティティの否定であり、さらに、地域社会の中の取引関係を含めた人間関係の分断を意味する。歴史は役に立たぬものとして軽視され、古い人間関係は既得権益として非難された。こうして歴史や人間関係をなしくずしにする一方で、歴史教育を見直せとか愛国心とか心の教育だとか言うのは大きな矛盾ではなかろうか。

さらに、新しい郊外部で進むファスト風土化は、旧郊外も破壊する。日本の地方都市の旧郊外は1970年代ごろ、中心市街地を貫通する旧街道から昇格した国道沿いに形成されている。しかし旧郊外の国道は幅が狭く、増大する自動車には対応できない。そのため、より新しい郊外に商業集積ができると、古い郊外は廃《すた》れていく。比較的大規模なスーパーマーケットが閉店すると、そのまわりの専門店も次々と閉店し、地域全体が廃墟になっていくのである。

新しくできた郊外の商業集積も、今後ずっと残る保障はない。さらなる地域間競争によって衰退し、廃墟化する可能性もある。これは「街の使い捨て」とも言うべき状況である。

このようにファスト風土化は、自然・農村、都市・市街地、旧郊外を破壊し、さらに今後も新郊外の破壊を続けていく危険を持っている(こうした街の使い捨ての「先進事例」としてアメリカの様子を取材してきたので、第2章を参照してほしい)。

消費優先の価値観

日本の商店街の背景にあった古い流通制度は、中間業者が多いため小売価格を上昇させるから消費者の利益にならないとして、近年、強く否定されてきた。それよりも郊外の大型安売り店の方が消費者の利益になるから、もっと規制緩和をすべきであると言われてきた。そして、郊外の大型店が栄えて商店街がさびれても、それは消費者の選択だから当然だと俗流経済学者たちは主張してきた。

私は、古くて非効率な流通制度が良いと言っているのではない。私が疑問なのは、消費者にとって利益があるということが、それほど立派な価値なのか、何よりも優先されるべき価値なのか、という点である。言い換えれば、人間はただ消費者としてのみ生きているのか、という点である。

確かにわれわれは、消費社会の中に生きている。そして生活の多くの時間を消費に割いている。しかし、だからと言って、われわれの「生」のすべてが消費であるはずはない。消費はわれわれの目的でもない。われわれが消費者として生きるのは、われわれの生活、人生の一部にすぎない。

だとしたら、どうして消費者にとって利益があるというだけの価値が、これほど重要視されなければならないのだろうか。どうして、同じ物なら安い方が得だというだけの価値観が、それ以外のさまざまな価値の中で最も上位に来なければならないのだろうか。真理も、美も、正義も、利他主義も、消費者優位の価値観よりも低い価値なのだろうか。そういう消費偏向主義的な価値観を蔓延させておきながら、一方で青少年に奉仕をしろ、ボランティアをしろ、と言うのはおかしくないだろうか。

24時間化の弊害＝生活の不安定化

ファスト風土化は、人々の生活も変質させている。一番変わるのは生活時間だ。地方の大型ショッピングセンターは大休、午後11時まで開店している。食品売場は24時間休みなく営業していることも多い。その他の小売業もかなり夜遅くまで開店しているし、ゲームセンターは夜中の12時まで、飲食店は24時間営業の店も少なくない。しかも正月の元旦まで365日、営業する店が増えた。もちろん、これらの店に納品する運送業者もそうだ。

このように地方の暮らしは東京などの大都市並みに、もしかするとそれ以上に24時間化している。土、日、祝日も忙しく働く人が増えた。しかも、こうした商業施設で働く人の8割方は非正規雇用である。よって収入はあまり多くない。そのために、いくつかの職場を掛け持ちする人が多い。月、火、水はスーパーで、木、金はレストランでとか、夜は建設現場で、昼は運送業でとか、一週間のうちで、あるいは一日のうちですら、複数の職場を掛け持ちする。

こうなると、家族全員が顔をそろえることが夜ですら難しくなる。父親がタクシー運転手で夜中に働いているとか、母親が時給の高い深夜にパートをするといったケースが多いからである。夜に家族がそろってゆっくり団らんするというゆとりがない。

かつての地方の暮らしは、今より物質的には貧しかったが、もっと落ち着きがあったと思う。父親は、夜には仕事から戻り、家族と共に食事をしていたし、母親は働いている場合でも、朝晩ちゃんと食事を手作りしていた。そういう、古くさいが当たり前の暮らしをしてきた落ち着きが、今は地方ですら失われているように見える（83ページで紹介するアメリカのコロラドスプリングスのエピソードも参照されたい）。

たとえば近年、「食育」の重要性が叫ばれたり、「早寝早起き朝ご飯」の意義が再認識されたりしているが、両親ともに複数の職場を掛け持ちし、夜も休日も働いているような家庭では、実際問題、経済的にも時間的にも「食育」どころではないというのが本音であろう。「食育」ができる家庭とできない家庭の格差が露呈し、さらにその格差を拡大してしまう危険性もないとは言えないのである。

地域社会の流動化・匿名化・液状化

地域社会の破壊は人間関係の破壊とも言える。さらに言い換えれば人間関係の流動化をもたらす。

ファスト風土化の根本は、道路網の整備とモータリゼーションの拡大とによって支えられている。それは、行政単位や地形的な境界を越えて、人と物の移動を活発化する。それは確かに経済を活性化するが、他方で、地域社会を流動化し匿名化する。前述した地域社会の何重もの破壊の上に、流動化と匿名化が進めば、地域社会は液状化し、不安定になる。

地域の外からの人々の大量の流入だけでなく、地域内部の人々の生活も、かつてよりは匿名的で顔が見えないものになっている。大家族が減り、核家族が増え、隣近所の付き合いも廃れたからだ。

流動的で匿名的で不安定な社会は犯罪の温床となる。そもそも、なぜ犯罪は都市で多いかといえば、都市が流動的で匿名的な空間だからである。しかし今や、道路網の整備によって、日本中のどんな田舎でも流動的で匿名的な空間になったのだ。

1995年から2004年にかけての人口10000人当たりの刑法犯認知件数増加率を見ると、上位に来るのは香川県、佐賀県、兵庫県、愛知県、三重県、群馬県などである（表1）。東京都や大阪府は全国平均以下である。地方の方が犯罪が増えたのだ。

地方で悲惨な事件が起きるたびに、こんな静かな町でなぜこんな凶悪な事件が、と言われる。しかし近年の日本は、静かな町ほど激しく変化したのである。

２００６年だけでも、秋田県藤里町で９歳の娘らを殺害したとして母親が逮捕・起訴された殺人・死体遺棄事件、同じく秋田県大仙市で母親が４歳の男児を殺害したとして逮捕された事件、岐阜県中津川市で起きた高１少年が中２少女を絞殺した事件、山口県周南市の高専少年によるとされる同級生女性の殺害事件（少年は自殺）など、枚挙にいとまがないほど多くの事件が地方で起きている。秋田も岐阜も、全国平均以上に犯罪が増えている県だ。そして第４章で

表1　都道府県別の刑法犯認知件数
（人口1000人当たり、増加率の多い順）

	1995年	2000年	2004年	95-04増加率
香川県	8.39	13.11	20.43	2.44
佐賀県	7.08	12.58	14.99	2.12
兵庫県	11.77	16.96	24.18	2.05
愛知県	14.66	25.01	28.94	1.97
三重県	10.62	13.82	20.63	1.94
群馬県	10.92	14.23	20.97	1.92
京都府	13.28	20.45	24.10	1.81
岐阜県	11.37	18.59	20.46	1.80
奈良県	9.69	17.36	16.73	1.73
徳島県	7.91	13.00	12.97	1.64
茨城県	11.71	17.45	18.61	1.59
青森県	7.64	11.34	11.95	1.56
山梨県	9.48	14.11	14.64	1.54
秋田県	5.42	10.22	8.25	1.52
神奈川県	13.83	20.02	20.97	1.52
岡山県	12.67	16.34	19.05	1.50
長崎県	6.21	8.90	9.30	1.50
鳥取県	9.80	10.90	14.26	1.46
福島県	9.52	13.08	13.84	1.45
富山県	8.83	10.71	12.72	1.44
石川県	8.64	10.84	12.43	1.44
埼玉県	18.00	22.61	25.73	1.43
千葉県	17.21	25.74	24.44	1.42
栃木県	13.28	16.87	18.85	1.42
福井県	8.62	13.13	12.20	1.42
全国	14.20	19.25	20.07	1.41
島根県	8.42	9.89	11.84	1.41
大阪府	20.68	28.66	29.01	1.40
大分県	9.12	12.45	12.74	1.40
山口県	9.74	15.09	13.50	1.39
愛媛県	12.07	16.35	16.69	1.38
宮城県	12.83	19.96	16.96	1.32
山形県	7.20	9.78	9.34	1.30
熊本県	11.34	14.45	13.84	1.22
高知県	13.89	15.63	16.78	1.21
新潟県	10.61	10.22	12.80	1.21
宮崎県	9.88	13.59	11.72	1.19
静岡県	13.49	16.04	15.93	1.18
沖縄県	13.79	16.30	16.10	1.17
長野県	11.59	14.50	13.49	1.16
和歌山県	15.39	20.53	17.81	1.16
東京都	19.99	24.15	22.89	1.15
北海道	13.67	15.27	15.63	1.14
滋賀県	15.40	19.58	17.38	1.13
広島県	14.02	18.35	15.40	1.10
福岡県	23.46	30.63	25.41	1.08
鹿児島県	8.97	10.91	9.68	1.08
岩手県	10.43	9.79	9.24	0.89

総務省統計局の「社会生活統計指標」をもとに作成

見るように、秋田県は近年、大手流通資本によって席巻され、地元商店街が壊滅していることはよく知られている。

再魔術化される世界

ファスト風土化の問題は、中心市街地や農村部を破壊することだけではない。ファスト風土がシーヘブン的な虚構世界に近づくという問題もはらんでいる。

シーヘブンとは、1998年の映画『トゥルーマン・ショー』の舞台となった架空の街の名だ。主人公トゥルーマンは生まれたときからずっとそこに住んでいる。しかし、実はシーヘブンは巨大な人工カプセルの中にある。そのことをトゥルーマンは知らない。しかもシーヘブンでは、トゥルーマン以外はすべて俳優として演技をしており、その一部始終がテレビドラマとして24時間365日（あたかもショッピングモールの開店時間のように！）テレビ放送されているという設定である。

しかし、ある日、トゥルーマンは自分がだまされていたことに気づき、シーヘブンを脱出しようとする。そのときトゥルーマンに向かって、ドラマのプロデューサーのクリストフが話しかける。

「聴け、トゥルーマン、外に出たければ出ても良い。おまえを止めはしない。だが、外では生き延びられんぞ。外に出たら、おまえは何をすべきかも、どこへ行くべきかもわからない。いいか、トゥルーマン。外に出ても、私がおまえに創造してやった世界よりも真実の世界などないんだ。私の世界の中にいさえすれば、おまえには恐れるものなど何もないじゃないか」

われわれは、自分の今の生活がトゥルーマンの住むシーヘブンとは違うリアルなものだ、と確信を持って言うことができるだろうか。ファスト風土化した世界の中で、われわれの生活はシーヘブンのように虚構的なものになりつつあるのではないか。あたかもこのシーヘブンのように、ファスト風土化は大衆に魔法をかけて、ファスト風土化した世界だけに意味があり、それ以外の世界が無意味であると信じこませ、それ以外の世界で生きることができない人間を育てているようにも見える。

少し話が専門的になるが、こうした現象をアメリカの社会学者ジョージ・リッツァは2004年に「再魔術化」Re-enchantmentという概念を使って分析している(“Reenchanting a Disenchanted World„)。「再魔術化」とは、19世紀末から20世紀初頭まで活躍したドイツの社会学者マックス・ウェーバー(1864〜1920)が提起した「脱魔術化」(Dis-enchantment ドイツ語ではEntzäuberung)を踏まえた概念である(通例 Entzäuberung は「脱呪術化」と訳されることが多いが、ここでは魔術という言葉に揃えるために「脱魔術化」としておく)。

「脱魔術化」とは、魔術(呪術、迷信など)が支配する世界からの解放であり、言い換えれば生活様式、思考様式などが合理化することである。プロテスタンティズムは生活様式を徹底して合理化する宗教であり、合理化によって近代化が進み、科学技術を基礎とした産業が発展した。

しかし重要なのはその先である。社会・生活の合理化が進むと、それまでは魔術によって意味づけられていた世界が「無意味化」するとウェーバーは考えた。わかりやすい具体例で言えば、伝統的な生活習俗は非合理的なものとして否定され、伝統の中で意味づけられていたさまざまな習慣が無意味になり無価値になる。親子などの家族関係も伝統の中で意味づけられていたが、合理化、近代化が進むとその意味や価値が失われていく。しかし、そうすると、その反動として非合理主義や反知性主義が復活するとウェーバーは考えた（ウェーバー自身は近代を論じたのではなく、将来を予言したのでもないが、その論文は一種の近代社会批判として解釈できる。「世界宗教の経済倫理　中間考察」参照）。

この「世界の無意味化と無価値化」の指摘こそがウェーバー社会学の真骨頂ではないかと私は個人的には思っているのだが、それはともかく、「再魔術化」という概念はウェーバーのこの「脱魔術化」論と「無意味化」論を踏まえつつ、現代消費社会批判として編み出されたもののようである。

すなわち「再魔術化」とは、合理化し無意味化し無価値化した世界の中で再び意味と価値を求めてさまよう大衆に対して、消費を通じて繰り返し繰り返し意味と価値を与え続けていくことであり、さらにより強い意味と価値を与えるために「魔術の世界」を創造し、そこに住まわせ、そこに閉じこめて消費をさせ続けることであると言えるであろう。

たとえばディズニーランドやラスベガスやショッピングモールがそうであるように、現代の消費社会の特徴は、あるテーマ（意味）を持った閉じた世界を作り上げ、その中に消費者をできるだけ長時間閉じこめて消費させる方向に向かっているところにある。東京で言えば、お台場のヴィーナスフォートや六本木ヒルズや表参道ヒルズなどもそうであろう。サッカー・ワールドカップのようなイベントも、イベントであるから永続的ではないが、ある時間と空間を持った世界を作り上げ、そこに大衆を大量に動員し、スポンサー企業の商品を消費させるという意味で「再魔術化」であると言えるだろう。

このようにグローバリゼーションの中で巨大化した消費社会は、人々を「再魔術化」する。しかも、地方郊外農村部のファスト風土化は、十分な「脱魔術化」を経ない人々を「再魔術化」すると言えるのではないか。つまり、ただ生活の中の伝統の力が衰弱しただけで、近代合理主義的な思考様式は身に付いていない状態で新しい魔術にかけられるのである。近代以前の魔術の世界で、人々がその世界を疑わなかったように、新しく「再魔術化」された世界でも、人々はその世界を疑わない。

そして人々は、その魔術のパラダイスの中で、外部への想像力を減衰させてしまう。外部にもっと何か別の世界があるのではないかと考える力。内部の世界が外部を傷つけているのではないかとおもんぱかる力。その外部に行ってみたいという希望。今ある境界を越えて、今あるものを批判的に解読し、それを乗り越えようとする力。そうしたものが、24時間365日、快適に消費だけをしているパラダイスの中では育たないのではないか。

人間も大量生産品に見える

東京のような大都市は、江戸時代から今日に至るまでずっと何百年間も巨大な消費都市であり続けた。だから、今さら何ができても、東京に住む人々は大して驚きはしないし、精神的に影響を受けることもない。

それに比べると、それまで何もなかった地方の郊外農村部がファスト風土化する場合は、そこに住む人々に非常に大きな影響を与えるはずだ。それは人間観や倫理観にまで影響するのではないだろうか。私が40年以上前に育った新潟県の農村部ですら、今は覚せい剤中毒の母親さえいるという。まったく信じられない話である。

また、郊外のショッピングセンターで万引きが頻発しているのは周知の事実だ。ショッピングセンターにうずたかく積み上げられたおびただしい数の物を見たとき、ここから一つくらい盗んでも誰も困らないだろう、と思う人がいたとしても不思議ではない。そこにある物には顔が見えないからである。

これが、昔ながらの顔なじみの商店街で、お父ちゃんとお母ちゃんが二人でやっている店だったら、物を盗むのは難しいだろう。彼らの生活が見えるからだ。

誰がつくった物かわからない。誰が売っているかも知らない。そういう場所で万引きをするときは良心の呵責《かしゃく》がいらない。その匿名性の感覚が肥大化すると、ショッピングセンターにいる女の子の一人くらい連れ去ってもいいだろうという感覚が生まれてくるのかもしれない。

ファスト風土化が生む都市伝説

たとえばインターネットでショッピングモールについて検索をしていると奇妙なことに気がつく。ショッピングモールを舞台にした無気味な噂、都市伝説が氾濫しているのだ。

以下は、①と②がインターネット上で私が見つけた文章、③は実際に福島県の人から聞いた話である。いずれも実話なのか妄想なのかわからない。

①私は、福島市に住む中学生の女の子です。古い話ですが、春休みに福島市のAの障害者用トイレで、市内の中学校に通う男子3人が小1の女の子を強姦する事件がありました。女

の子はそれはひどい犯されようで、子宮がだめになり、赤ちゃんを産めない身体になってしまったそうです。病院に運ばれたときも、もう手遅れだと医者に言われたそうです。その女の子がつい最近、体調が回復せず亡くなってしまったそうなのです。

（注：インターネット上ではAは実名。以下同じ。この話と同様の話は、ショッピングセンターの名前と地域などを変えたものがインターネット上に無数にある）

②ここは山奥。週に一回B某店に買い出しに行く。勿論、少女の肌も堪能する為だが。今日は土曜日。家族連れが多い。はぐれている娘を狙ってみた。小柄タイプ。胸は小さいが張りのあるいい形だ。エレベーターの横奥にWCがある。少女はウロウロしつつ入っていった。周りには人がいなかったのでそのまま後をついていき、個室に入る。様子を見ようと仕切板の上から顔を出した。少女はジッと下を向いて震えている。悲鳴を上げようとする少女の首にカッターナイフを突きつけた。ナイフはそのままに、足を開《ひら》げて立たせた。唇に手を触れる。青ざめてはいるが柔らかい。ほんのりと涙を流しているのに気付きその目にキスをした。少女は完全に泣いていた。その後、シャツをずり上げ胸をしゃぶった。形はいいので吸い心地は最高。2、3年後が楽しみだ。柔らかいとはいえないが、まずまずの触感。少女はまだ泣いている（あまりにひどい内容なので、三浦が一部削除した）。

③郡山のCで、女子高生が、どうも東京の方からワゴン車でやってきた若い男数人組に連れ去られ、輪姦され、駅近くのDの前に裸で置き去りにされた。体には「使用済み」と書かれた紙を貼られていて、女子高生はその後自殺したという噂があるという。

このように、地方のショッピングモールを舞台とした実話とも噂ともつかない話はたくさんある。だが実際、２００５年２月、愛知県安城市のイトーヨーカ堂では11カ月の赤ちゃんが刑務所を出たばかりの34歳の男に刺殺されたという事件があった。また、長野・愛知両県で04年に高齢者ら４人を殺害したとして一審の長野地裁で死刑判決を受けた男性被告（30）は06年10月、控訴審の東京高裁で福島県内でも女性を殺したと供述、福島県警の取り調べに対して、「福島市内のスーパーで買物後、女性を車ではねた。遺体を山林に捨てた」と供述したという。この供述はその後、県警の調べで犯行現場を含めてウソと判明したが、こうした現実を見ると、前述の話もあながち噂にすぎないとは言い切れない。

しかし、なぜこうした話が生まれてくるのか？　おそらくファスト風土化がもたらす地域社会の流動化と匿名化が、現実と非現実の境界を曖昧化させているからであろう。しかも、インターネットや携帯電話という、空間や時間に制約されずに匿名性を助長するメディアが加わった。テレビゲームのように、現実と非現実の境界の曖昧化を助長するメディアも拡大した。すると、古い地域社会の伝統的生活様式の中に押さえ込まれていた観念が、急激な生活の変化（脱魔術化）によって解放される。性や暴力についての欲望、妄想も、まさにパンドラの箱を開けたように飛び出してくる。それらの欲望と妄想が結びついてさまざまな都市伝説が生まれるのではないだろうか。

自閉的な私生活主義と青少年の社会化の阻害

ファスト風土化した社会では、人々はマイホームのマイルームからマイカーに乗って、ショッピングモールに行って帰ってくる。距離的にはかなりの移動をしているが、心理的には閉じたプライベートな空間から外に出ていないと言えるのではないだろうか。ファスト風土的環境で育つ子どもは、他者と直接コミュニケーションせず、自分の殻の中に閉じこもって消費をするだけで、大人にならないばかりか、没社会的な人間、あるいは社会に対して無批判な人間になる危険があると考えられるからである。

確かに直接的なコミュニケーションはわずらわしい。時間もかかる。非効率である。だが、その非効率で無駄の多いコミュニケーションこそが人間社会の基本ではないのか。コミュニケーションをせずに、ただ金を出して物を買うだけでは、プライベートな空間に閉じこもった人間を増やすだけであろう。
アメリカの政治学者、ロバート・パットナムの著書によれば、「民族誌学者のバウムガードナーがニュージャージーの郊外住宅地に住んでいたとき、彼女が発見したのは」「自分の内側に閉じこも」る人々であり、「アトム化した孤立の文化」だった。都市建築家のアンドレス・デュアニーとエリザベス・プラター・ザイバークは「郊外とは瀕死状態の私生活主義 privatization」であり、それは「正統的な市民生活の終焉《しゅうえん》をもたらす」と述べている。そして、「60年以上前、都市学者のルイス・マンフォードは『郊外居住とは、プライベートな生活を送ろうとする集団的な努力』であると看破した」。さらに、歴史学者のケネス・ジャクソンは、「アメリカのドライブイン文化が支払った大きな犠牲は、コミュニティ感覚の弱体化である」とし、こう書いている。「社会生活はより私生活化 privatized する傾向にある。家族の隣近所に対する思いやりや責任の感情が減少している。郊外に住んでいる人の都心に住んでいる人に対する思いやりや責任の感情も減少している。……真の変化は、われわれの生活が今や、隣近所や地域社会ではなくて、家の中に集中していることである。自動車利用の増加とともに、歩道や庭先での暮らしは消滅した。かつては都市生活の主要な特徴だった社交も消えた」(『孤独なボウリング』三浦訳)
こうした指摘を踏まえつつ、今、われわれは、街には子どもを社会化するという機能もあることに気がつかねばならない。街の中でのさまざまなやりとりを通じて自然に子どもは社会を学び大人になっていくのだ。

社会というのは抽象的な概念だ。だから、社会を見せてみろといわれても、見せることはできない。

では、どうしたら社会は目に見えるか。それには人と人がどう具体的に関係し合っているかを見せるしかない。関係こそが社会だからだ。そして街には物をつくる人がいて、運ぶ人がいて、売る人がいて、買う人がいる。つまり、街は社会を具体的な形で見せてくれる場なのだ。

だから、街がなくなるということは、そうした人間の関係が見えなくなるということである。プライベートな領域だけが肥大化し、パブリックな社会がなくなるということなのだ。社会がなくなるということは、そこで育つ子どもが、自分の私生活にばかり閉じこもり、没社会的な人間になりやすいということであろう。子どもが、他者との関係において自分を位置づけられる公共心を持った人間に自然に育っていく環境が、ファスト風土にはないのではないかと私は考えるのである(「公共心」とは、定義することが難しい言葉であり、時代や国々によっても異なる概念だろう。しかし私は今のところ、公共心を「他者への関心や配慮」と定義したい)。

図1　成人肥満比率の各国比較（OECD諸国、2003年までの最近年）

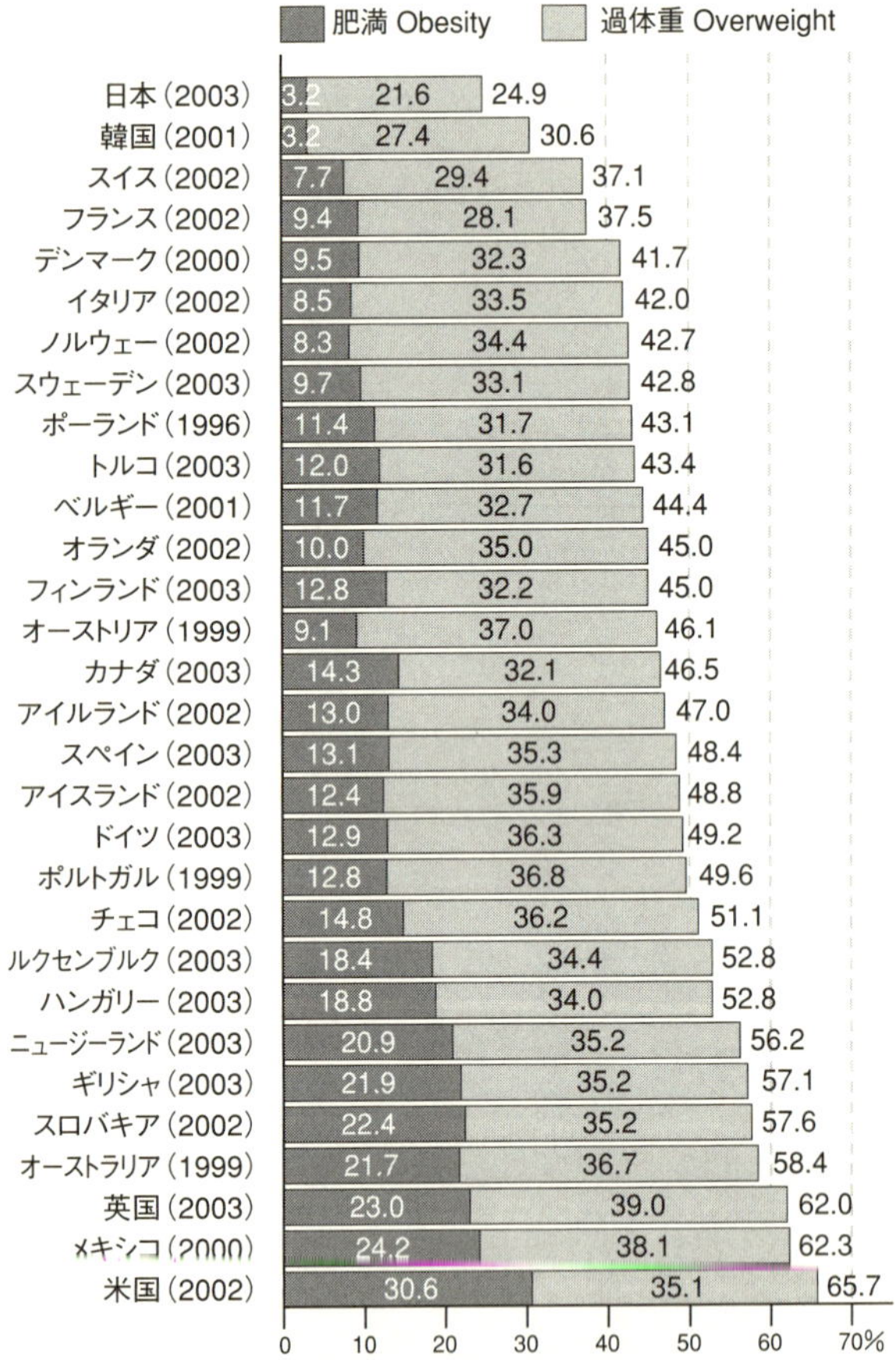

［注］肥満比率はBMI30以上、過体重比率はBMI25〜30の人口比率である。BMI＝体重（kg）／身長（m）^{2}
オーストラリア、ニュージーランド、英国、米国は自己申告情報ではなく健康調査に基づく数値。
健康調査に基づく肥満評価は身長体重の当人の勘違いを防げることから自己申告より正確で、
より大きな数字となるのが普通である。もっとも健康調査は数カ国で実施されているに過ぎない。
（資料）OECD, Health at a Glance 2005（原資料 OECD Health Data 2005）

図2　12歳児童の肥満傾向児の出現率

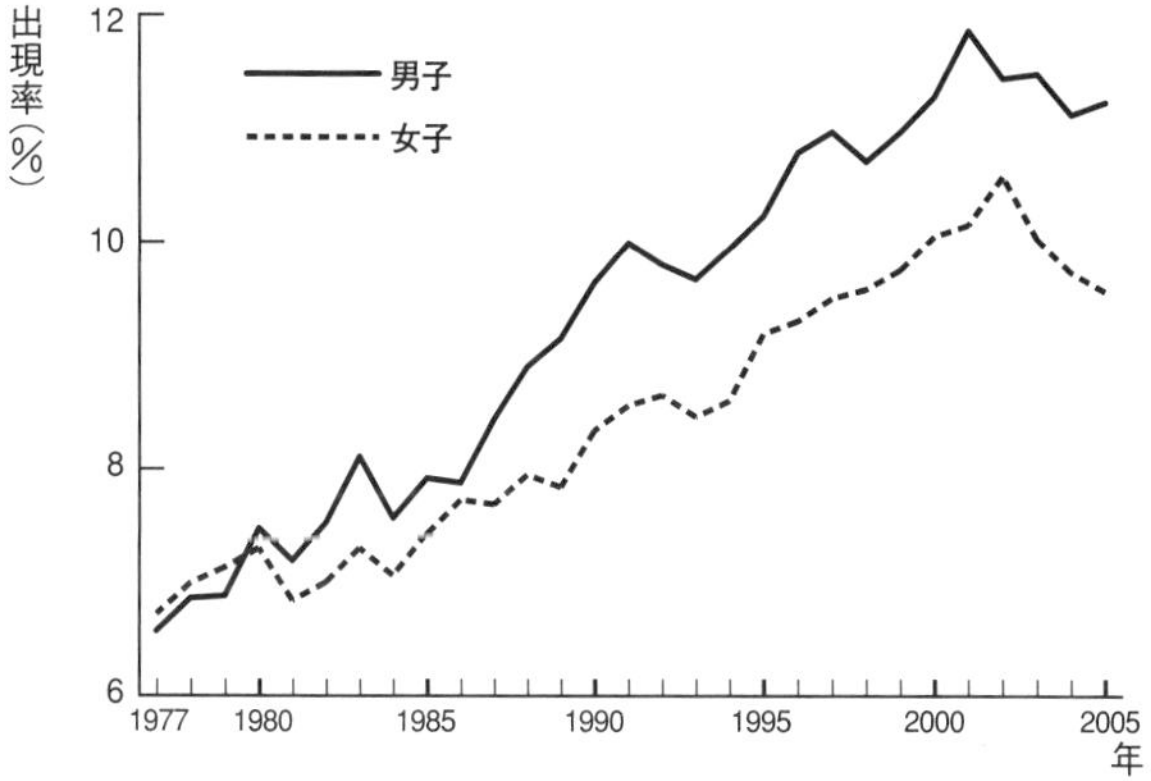

(資料)文部科学省「平成17年度　学校保健統計調査」

体力の低下と下流化

発達が阻害されるのは精神的な社会化だけではない。ファスト風土の中では体力も衰える。ファスト風土先進国アメリカが、世界一の肥満国であることは周知の事実だ。なんと国民の3割が肥満、さらに35%が過体重である(図1)。

しかし、わが国もアメリカ化しつつある。12歳の児童について、肥満傾向児の出現率を見ると、1977年には男子が6・57、女子が6・72だったのが、2005年は男子が11・23、女子が9・56にまで高まっている。アメリカとはまだかなり差があるが、安心はできない(図2)。

また文部科学省の「体力・運動能力調査」によると、60年代から80年代にかけては、体格の

年次別推移

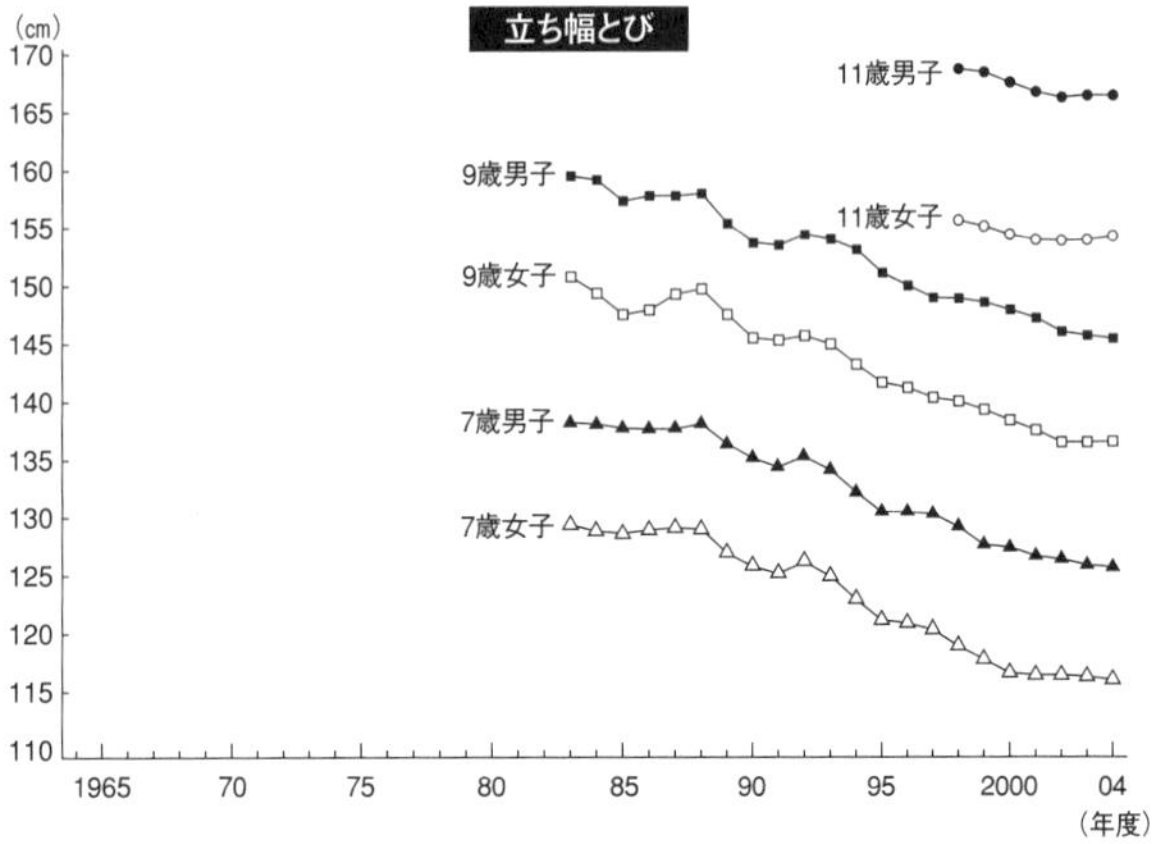

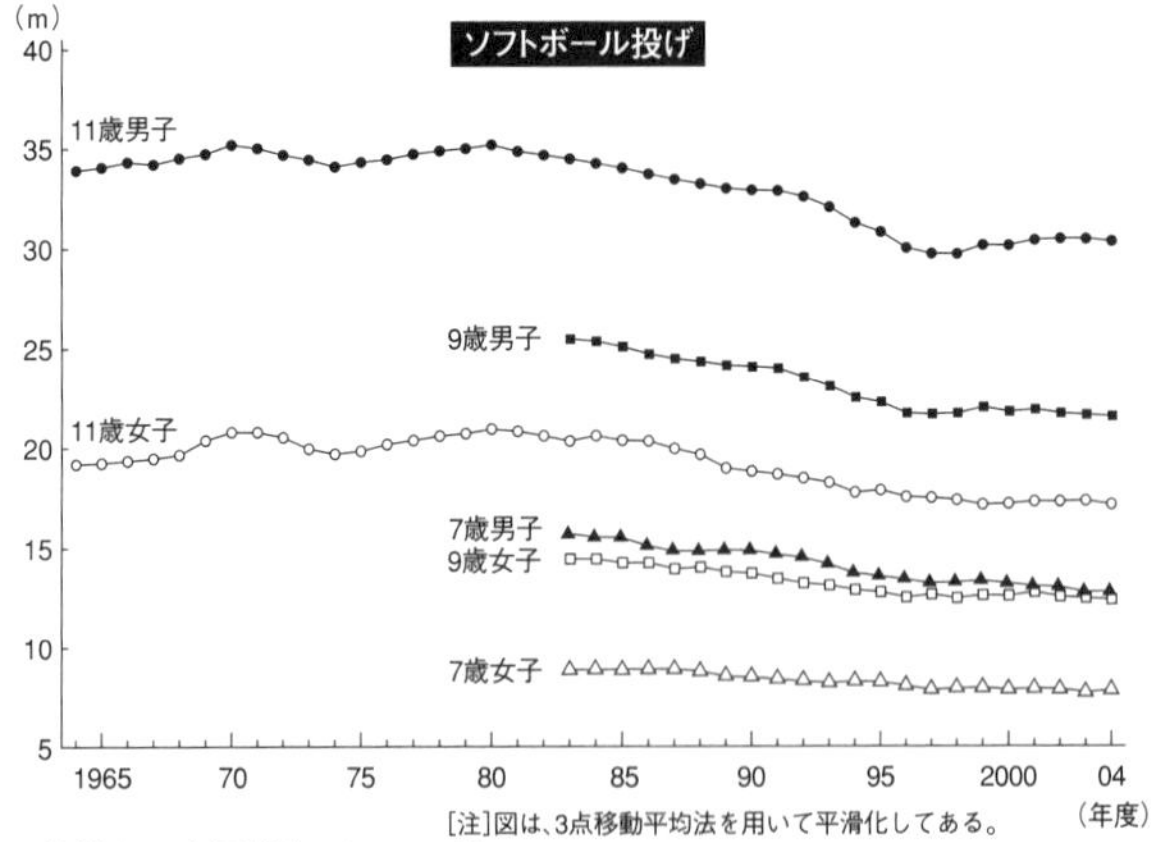

[注]図は、3点移動平均法を用いて平滑化してある。

(資料)すべて文部科学省のホームページ
(http://www.mext.go.jp/b_menu/houdou/17/10/05101101.htm)

図3　体力・運動能力の

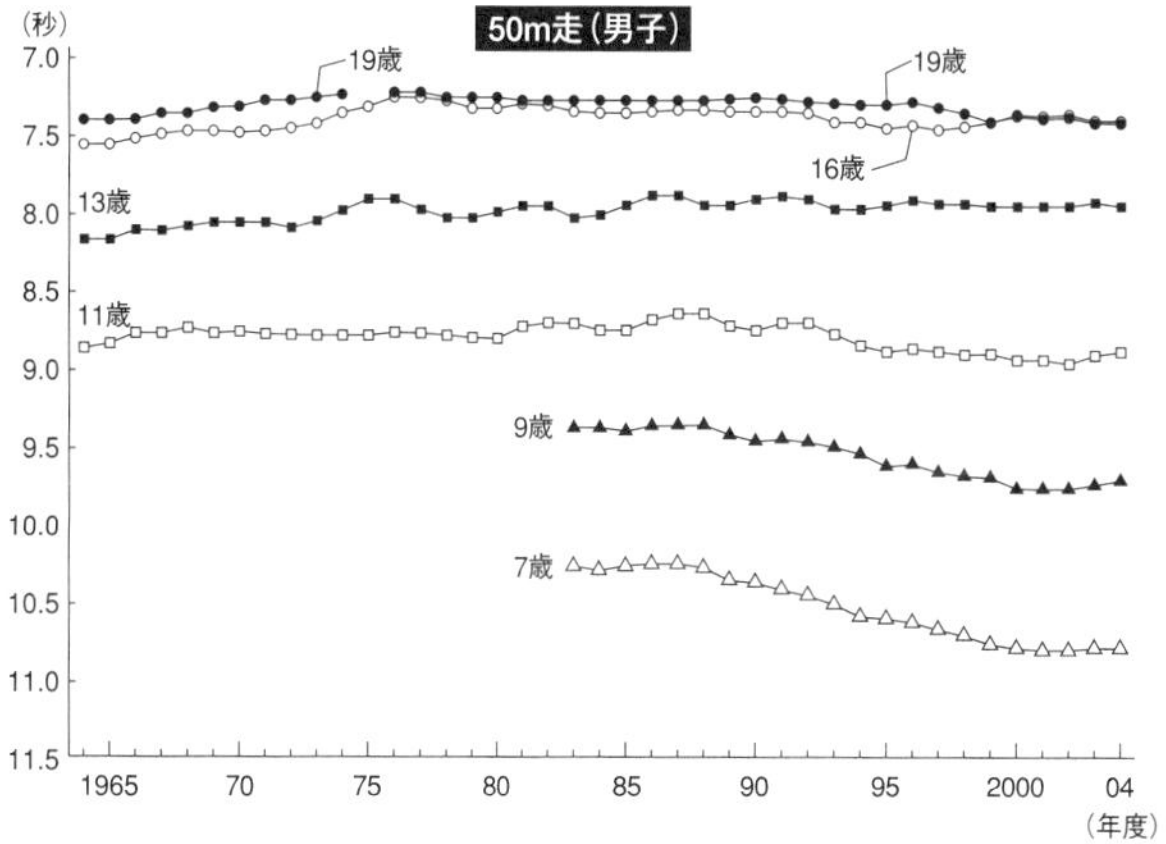

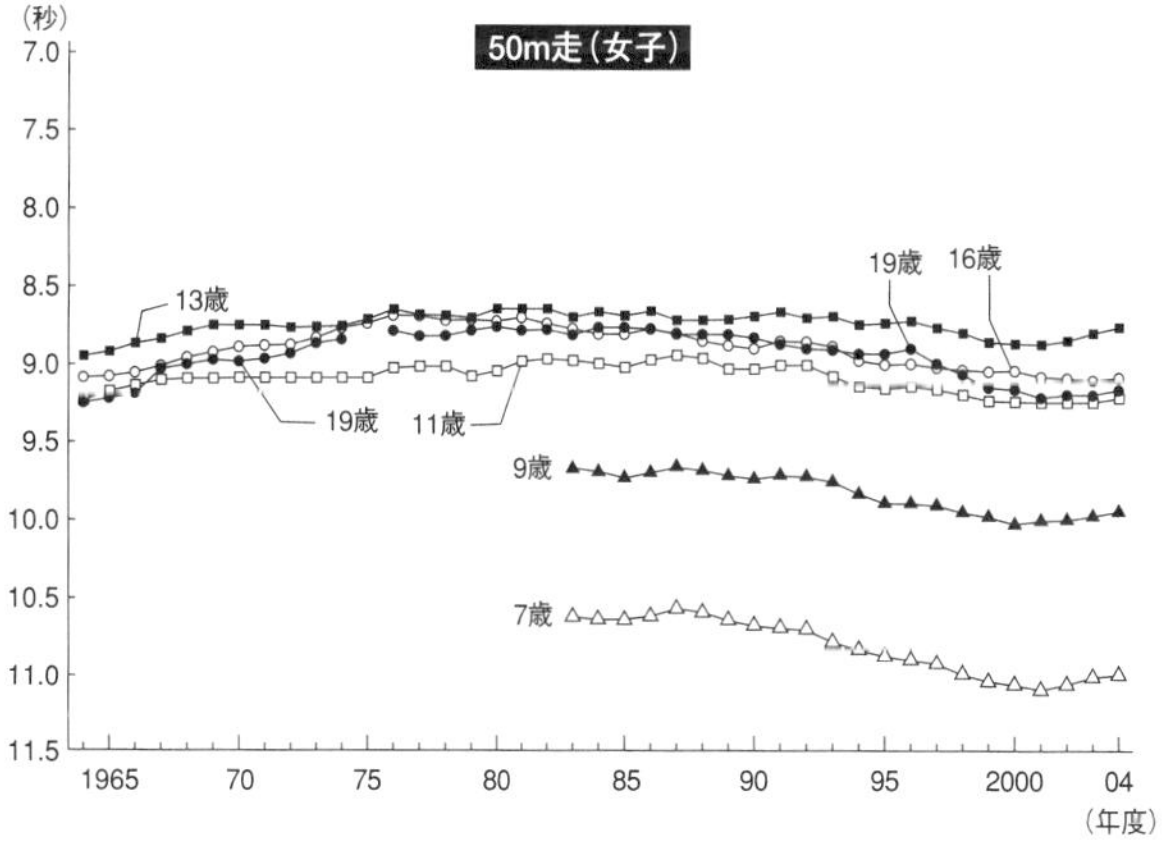

［注］1.図は、3点移動平均法を用いて平滑化してある。
2.1975年度は、19歳の調査をしていない。

向上と並行して子どもたちの体力も上昇していた。ところが、その後20年間は、体力が確実に低下している（図3）。

たとえば7歳の50m走の場合、男子女子ともに83年から87年まではタイムが横ばいだったが、88年から低下が始まって00年まで低下し続け、約0・5秒遅くなっている。

7歳と9歳の男女の立ち幅とびの結果も同様であり、88年から04年にかけて7歳も9歳も男女ともに15cmほど低下している。

ソフトボール投げについては、83年から04年にかけて7歳男子で3m、9歳男子では5mほど短くなっている。

また図では示していないが、13歳、16歳、19歳の男子の1500m持久走は60年代から70年代後半あるいは80年代前半にかけてタイムが30秒前後速くなっているが、その後は20～30秒ほど遅くなっている。女子もだいたい似たような結果である。

このように、80年代以降、小学生の体力が低下してきていることは明らかである。80年代は地方のモータリゼーションと郊外化が進み始めた時期であり、同時にファミコンが登場した時期である。自動車の普及によって子どもたちはあまり歩かなくなり、テレビゲームの普及によって家の中で遊ぶ傾向が強まったのである。90年代以降も、パソコン、インターネット、携帯電話などの電子機器の普及によって、子どもが体を使わないで時間を過ごす傾向はますます強

表2　25〜29歳の男性に聞いた自分の心身の状態

	会社経営者、役員	管理職（課長以上の公務員・会社員）	正社員、正規職員、公務員	自営業、自由業	派遣社員、契約社員、嘱託	アルバイト、フリーター	失業中（今は働いていないが、仕事を探している）	無業（働いていないし、仕事を探してもいない）
n	33	26	1286	113	117	221	84	100
体に力が入らないことがよくある	15.2	15.4	15.3	16.8	15.4	20.8	21.4	29.0
ぼーっとしていることがよくある	24.2	26.9	29.3	27.4	34.2	31.2	40.5	42.0
体力に自信がない	15.2	34.6	26.2	21.2	34.2	40.3	48.8	49.0
運動は得意ではない	15.2	19.2	20.5	21.2	23.9	33.0	38.1	33.0
よく体調を崩す	6.1	7.7	12.3	16.8	12.8	20.8	20.2	18.0
ストレスに弱い	27.3	11.5	22.9	30.1	19.7	38.9	39.3	32.0
ぜんそく、アレルギーである	15.2	7.7	12.5	15.9	13.7	16.7	10.7	26.0
病気がちだ	3.0	3.8	3.0	7.1	4.3	8.6	11.9	15.0
過去に大病をしたことがある	0.0	3.8	2.0	4.4	0.0	11.8	7.1	11.0
気持ちがめいりやすい	24.2	26.9	27.5	30.1	27.4	44.3	42.9	36.0
不安な気持ちになりやすい	30.3	19.2	30.9	32.7	29.9	48.9	56.0	42.0
自殺を考えたことがある	12.1	11.5	10.2	14.2	12.0	19.9	25.0	23.0
人前に出ると緊張する	33.3	11.5	41.2	28.3	41.0	48.0	53.6	53.0
面接を受けるのが苦手	12.1	11.5	31.4	27.4	31.6	51.1	47.6	39.0
自己アピールが苦手	24.2	11.5	42.9	33.6	42.7	53.4	61.9	49.0

（資料）カルチャースタディーズ研究所＋(株)イー・ファルコン「男性仕事・生活調査1次調査」2006年

まった。そうした生活環境の変化が、子どもの体力を低下させたことは間違いないだろう。また、地方の過疎地では子どもの数が少ないために、子ども同士で遊ぶ機会が少なく、どうしても子どもが一人でテレビを見たりゲームをしたりする時間が増えるという話を、地方で子育て支援事業をしている人に私は伺ったことがある。

しかも、体力の低下は下流化に結びつきやすい。

私が06年に全国1万人の男性（20〜44歳）を対象に行った「男性仕事・生活調査」によると、階層意識が「下」の男性は「体力に自信がない」が34％（「上」は21％）、「運動は得意ではない」が29％（「上」21％）、「ストレスに弱い」が29％（「上」18％）などとなっている。

また「下」の男性は「自己アピールが苦手」が50％（「上」30％）、「人前に出ると緊張する」が46％（「上」32％）、「面接を受けるのが苦手」が37％（「上」20％）であり、「上」の男性と比べて対人能力にも自信がないことがわかる。

職業別に見ると、失業者または無業者では「体力に自信がない」「ぼーっとしていることがよくある」「運動は得意ではない」「ストレスに弱い」「体に力が入らないことがよくある」「よく体調を崩す」が多い。

それを年齢別に見ると、「体力に自信がない」は、25～29歳のフリーターで40％、同失業者、無業者で49％（表2）、30～34歳の無業者で42％。「ストレスに弱い」は25～29歳の失業者で39％、30～34歳の失業者で40％、同フリーターで42％などとなっている。

こうして見てくると、日本全国で郊外化とモータリゼーションが進み、同時にテレビゲームなどの普及によって子どもたちの生活環境が大きく変わったこと、すなわちまさにファスト風土化が、体力と対人能力の不足した若者を育て、下流化の誘因となったことは、おそらく間違いないだろう。しかも、それが折からの不況と結びつき、フリーター、無業者、失業者など低所得者の増加による格差拡大につながっていったのではないかと思えてならない。子どもを精神的にも肉体的にも社会に適応させるべく育てていく風土を日本は失ったのである。

地域アイデンティティの危機とナショナリズム

本来風土というものは、まず第一にその土地の自然に制約されている。自然は農林漁業を規定し、農林漁業の産物が手工業を規定する。さらに、それがその他の産業や職業を規定し、最終的には生活や文化を規定する。そして生活や文化は、それ自体が文化風土・精神風土を形成し、その土地に生まれた人間を、他の土地に生まれ育った人間とは異なる価値観や感受性を持った人間として育てていく。だから、多様な風土を持った日本には、異なる地域文化があり、多様な人間性が生み出されてきた。

だから、風土がファスト風土化するということは、日本の中の、もちろん世界の中のさまざまな地域の個性が失われ、文化が消滅するということである。

世界中の生活や文化が同じものになったほうが世界中の人々の相互理解が進むというコスモポリタンな考え方もないではない。もちろん、経済のグローバリゼーションを進める人たちは、世界中が均質な市場になることを望んでいる。

しかし、私は、世界が均質な消費文化によってのっぺらぼうになることを望まない。消費は私たちに豊かな多様性を与えるためにあるべきであり、貧しい均質性をもたらすべきではないのである。

ファスト風土的環境で育った子どもたちが青少年期に入り、自らのアイデンティティを形成する年齢にさしかかったとき、いったい何によってアイデンティティを形成しようとするか、考えてみよう。

前近代社会においては、身分や職業がアイデンティティを決定していた。現代においては、個人は自由に自分のアイデンティティを確立しようとする。とはいえ、アイデンティティを確立するには、核となる何かが必要だ。その核を自分で作り出せればよいが、作り出せないことも多い。

そのとき若者は、強いものにすがる。具体的には宗教に救いを求める者と、国家に救いを求める者などが現れる。国家という、本来最も個人から遠いものが、ファスト風土の中で砂のようにバラバラになった個人に力を与え、彼らに確かなアイデンティティを与えるように感じさせるからである（拙著『難民世代』参照）。

政治家や官僚や御用学者らは、「美しい日本」とか「庭園の島」といった美辞麗句によって日本を語る一方で、日本中にみっともない高速道路を建設して昔ながらの自然景観を破壊し、馬鹿馬鹿しいほど巨大で殺風景なショッピングモールが歴史ある街並みを破壊することを自由競争の名において放任してきた。なのにその矛盾に彼らは目をつぶる。

なぜなら、そうやって日本の自然を破壊し、地域社会を破壊することが、地域社会を空洞化させ、国民の地域へのアイデンティティを危機に陥れ、結果、国家への帰属意識を高めるからである。本来美しかった日本を壊すことで、新しい美しい日本へのナショナリズムを昂揚させるのだ。それが戦略であるとすれば、かなり巧妙な戦略である。

郊外の星条旗

次章で述べるアメリカ取材旅行において、私はしばしば郊外の住宅地や商業地域に巨大な星条旗が掲げられている光景を目にした。中には横幅が5mもありそうなものすらあった。2003年にジョージアやフロリダ方面を旅したときには一切目にしなかった光景だ。これは地域の差によるのか、この3年間のアメリカ人の意識の変化によるのかわからない。おそらくは01年の「9・11」以後のナショナリズムの昂揚と無関係ではあるまいが、とても異様な光景に見えた。

たとえば、日本のどこでもいいが、大分県の郊外の住宅地に巨大な日の丸が掲げられているのを想像してみればよい。あるいは岩手県の郊外ロードサイドの自動車ディーラーに巨大な日の丸が掲げられているようなものである。

日の丸が好きな「愛国者」なら、なんとアメリカの愛国心は素晴らしいことか、我が国でももっと日の丸をあちこちに掲げようと思うかも知れない。私は日の丸を嫌ってもいないし、私なりに愛国者のつもりだが、郊外の新興住宅地やロードサイドの商業地に横幅5mの日の丸が掲げられている風景を見たいとは思わない。それはとても異様な風景である。

ここ数年、私はフランスにもイタリアにもイギリスにもドイツにも行ったが、国のあちこちに巨大な国旗を掲げている国などアメリカ以外にない。こんなに至る所で国威を発揚しなければならない国ははっきり言って後進国である。さもなくば宗教国家か社会主義国家しかあり得ない。まともな自由主義の国には、こんなへんてこな光景は存在しないはずである。

ナショナリズムを昂揚させるには、外国からの攻撃が一番有効だと言われる。さらに言えば、故郷を喪失した国民の中から生まれやすいはずである。移民の国アメリカは故郷喪失者の国である。特に、新興郊外住宅地には故郷と呼べるものがない。だからこそ失われたアイデンティティを補償するためのナショナリズムが必要なのだ。

歴史がないにもかかわらず、ではなく、ないからこそ郊外はナショナリズムを必要とする。郊外国家アメリカにはナショナリズムがどうしても必要である。そして、歴史を捨て、国土を捨て、故郷を捨てた日本人にも、新たなナショナリズムが必要になるのかも知れない。

『華氏911』とショッピングモール

そこで思い出す映画がある。マイケル・ムーア監督が2004年に発表した傑作『華氏91

1』だ。その中に、アメリカ軍のリクルーターが若者に入隊を勧誘する場面がある。

リクルーターは失業者の多い街に行き、若者に声をかける。「君はいま何をやってるんだい?」「バスケだよ」「そりゃあいい。海軍に入れば、世界中をめぐりながらバスケができるぞ。MBAのロビンソンだって海兵隊にいたんだ。どうだい君も。そっちの彼は何してる?」「ケンタッキー・フライド・チキンでバイトさ」「将来は何を?」「音楽をやりたいんだ」「そうか、DJのシャギーも軍隊にいたんだぜ」「え! マジ?」「そうさ、びっくりしただろ」「彼、ジャマイカ人だろ」「そうさ。でも、軍隊でも足場を築くことはできるんだ」

お金がなくて大学に行けないとか職業訓練を受けられないという若者にとって、学費を稼ぎながら、仕事を覚えられ、かつスポーツや音楽をする場もある軍隊は、実際の戦闘さえなければ、願ったりかなったりの職場なのだ。

リクルーターがこうした勧誘をする場所。それが郊外のショッピングモールだ。しかも富裕層の住む地域にあるモールではなく、貧困層の住む地域にあるモール。そういうモールの駐車場にたむろしている若者は、リクルーターにとって絶好の標的だ。

映画にはウォルマートがちらりと映る。これがその地域で富裕層向けのモールなのか、貧困層向けのモールなのか、私は知らない。そんなことより、そこに映し出される広大な駐車場や、ロードサイドにCDショップなどの店が建ち並ぶ風景、そしてそこにたむろする職のない若者たちの風景が、日本とあまりにも同じで、私は、何か空恐ろしさを感じるのだ。

仕事のない若者がモールにたむろする光景は、すでに日本でも日常的になった。私の実家のある新潟県の、田んぼの真ん中のショッピングモールでも、モールの中の広場には、たばこを吸う中学生がたむろしているという話を、そのモールの中でブティックを経営する同級生に聞いたことがある。もし日本に憲法9条がなかったら、彼らも軍隊に勧誘されて、アフガニスタンかイラクに派兵されたかもしれない。

ワーキング・プアが増加か？

マイケル・ムーアが嫌うアメリカを代表する最大のショッピングセンターであるウォルマートは、「エブリデイ・ロープライス」をキャッチコピーにして、売り上げを伸ばしてきた。でも、なぜ「エブリデイ・ロープライス」か。

それは多くの低所得者、失業者を顧客にすると同時に従業員にしているからだ。コスト削減のために店員に不法就労者を多く雇って問題になったこともある。

すでに日本で西友を子会社化したウォルマートは、しかし、日本ではまだ成功していない。それは「エブリデイ・ロープライス」という戦略が日本では受け入れられなかったからだと言われる。言い換えれば、日本にはこれまではまだ毎日低価格な物を買わねばならぬほど低所得階層が固定化していなかったからだろう。

しかし、よく言われるように今後ますます所得格差が拡大し、階層が固定化していけば、低所得階層の人々が「毎日低価格」な店を支持しないとは限らないし、すでにそうなっていないとは言えない。実際、生鮮食品も100円や99円で売る店が人気であり、ディスカウントストアやドラッグストアも食品を低価格で販売するようになって人気を集めている。つまり、日本でも、「毎日低価格」を求める階層（ワーキング・プア）が確実に増えているのではないかと思われるのである（第5章参照）。

ファスト風土は下流社会の温床

ここまで書いてくると、ファスト風土化が下流社会化の温床であることに改めて気がつくだろう。日本中の地方で郊外化が進み、ロードサイドにショッピングセンターや外食産業、コンビニエンスストアなどの業態が増加すると、雇用面では、非正規雇用者が増加する。

経済産業省「平成16年商業統計」によれば、小売業就業者数（840万人）のうち「店舗の大型化や長時間営業を背景に、『パート・アルバイト等』が390万7000人（構成比46・5%）と全体の半数近くを占めている。前回比をみると、短期間の雇用である『臨時雇用者』が1・7倍と大幅な増加となったのをはじめ、『パート・アルバイト等』、『派遣・下請受入者』

も引き続き増加しているが、一方、『個人事業主及び無給家族従業者』は個人事業所の廃業を背景に2割を超える減少」である（経済産業省のホームページから）。

つまり個人営業のパパママストアが減り、常雇いのパートタイマーが増えている。それだけでなく、必要に応じて短期雇用されるだけの臨時雇用者がより増えている。継続的で安定した就業が困難になっているのである。

業種別に見ると、地方のファスト風土化を代表する業種であるコンビニエンスストアは、正規雇用者が2万9000人にも及ばないのに、「パート・アルバイト等」「臨時雇用者数」の合計は31万6000人に及ぶ。従業員の9割以上が非正規雇用者である。

同様に、スーパーマーケットにあたる各種食料品小売業は正社員16万4000人に対して非正規雇用者65万5000人。GMS（General Merchandise Store）にあたる各種商品小売業は正社員14万4000人に対して、非正規雇用者40万人。こうしたことから、近年進んだ大型商業施設の増加が、正社員をあまり増やしていない一方で、非正規雇用者を増大させたことは間違いない。

製造業がアジアなどに移転したために、地方で製造業に従事していた人たちの仕事がなくなり、それを埋め合わせる形で大型商業施設の従業者は増加した。雇用者が減るよりは増えた方がいい。が、増えるのはほとんどが非正規雇用者である。非正規雇用者では将来の生活への展望は開けにくい。もちろん、地方の零細企業の正社員のままで展望が開けたかどうか保証はない。ショッピングモールの中の専門店に正社員で就職できた方が展望はあるかも知れない。だが、いずれにしろ増えるのはほとんどが非正規雇用者である。

非正規雇用では、将来に向かって計画的に生きようにも生きられない。今を楽しく生きられればそれで十分だという価値観になったとしても仕方がない。人生に対する意欲を喪失した下流的な生き方にならざるを得ない面がある。

そういう意味で、過去10年から20年ほどの間にファスト風土化が進んだ地域は、下流社会化が進んだ地域なのではないかと思えてならない。これは今後検証していきたい課題だが、仮説としては、製造業が減少し大型商業施設が増加し、そして非正規雇用者の増加した地域が、学力の低下、体力の低下、犯罪の増加などが見られる地域でもある可能性があるのではないかと見ている。

今回私が視察したアメリカの各地域は、アメリカの中でも近年特に著しく郊外開発が進んでいて、ウォルマートなどの大型店の進出も著しい地域、つまりアメリカの典型的なファスト風土を明治学院大学の服部圭郎氏（第3・第4章担当）が選んでくれたものである。服部氏はカリフォルニア大学バークレー校で学び、その後も頻繁にアメリカの都市を視察しているので、彼に地域の選定を頼んだのだ。

ところが、服部氏が選んでくれた地域リストを見た筑波大学の藤田晃之氏（第6章担当）は、「面白い、僕も行きたい」と言ったのである。藤田氏の専門は教育学であり、アメリカの底辺校の実態などを研究されている。その彼が、ファスト風土化という観点から選んだ地域に関心を持つとはどういうことか。それは、ファスト風土化が進む地域と学力の低下が進む地域が一致するからに他ならない。

自由主義が民主主義を侵害している

毎日ファスト風土に住むということは、毎日ファストフードを食べることほど異常なことである。われわれは、ファストフードの利便性をしばしば享受することがあったとしても、毎日ファストフードを食べることを強要されてはならない。そんなことをすれば、健康をそこねて病気になってしまうことを誰でも知っている。同様に、ファスト風土的な商業地域で買物をすることがあったとしても、ファスト風土に毎日住むことを強要されてはならない。そんなことをすれば、体力も気力も社会性もない人間が育ってしまうだろう。

ファストフードを食べるか否かを自由に選択できるように、ファスト風土に住むか否かも自由に選択できなければならない。そのためには、ファストフード以外に多様な食べ物があることが当然であるように、ファスト風土以外の（以前の）風土や街が、選択肢として存在し続けなければならない。

食べ物の場合、家庭で料理を手づくりする選択肢も、有機食品を選ぶ権利もわれわれは失っていない。ところが、ファスト風土化が進むと、中心市街地は壊滅してしまう。これはファストフード以外に、食べ物がなくなってしまうということに等しい。

もちろん、大型店には営業の自由がある。しかし、大型店の郊外出店が中心市街地を破壊するとすれば、それはわれわれが多様な生き方を選択する自由と権利を侵害していると言うべきであろう。自由主義が民主主義を侵害しているのだ。そういう場合には自由は一定の制限を受けるべきである。暮らしのすべてが自由主義や競争主義の価値観によって支配されるべきではない。それは行き過ぎた自由主義である。

個人の競争力には差がある。持って生まれた能力も違うし、その後受けた教育も異なる。親から受け継いだ財力も違う。そもそも、価値観が違う。誰もが競争好きというわけではない。個人は企業とは異なり、競争をするために存在するわけではない。企業が自由競争原理を推し進めるのは正しいが、個人の生き方が自由競争原理だけで支配されなければいけない理由はない。

民主国家の基本的な原理は、個人の価値観の多様性を認めることである。ということは、競争好きな価値観の人もいれば、競争嫌いな価値観の人もいることを認め合うということである。

競争が嫌いな人まで、むやみに競争に巻き込まれるべきではない。最低限、自分で働いて、経済的に自立できていれば、それ以上競争をしなければいけない理由はない。私が下流的な若者に多少批判的なのは、彼らに経済的に自立することへの自覚が不足しているからである。だからといって、すべての人々に激しく競争して上流を目指せと言うつもりは毛頭ない。競争よりも価値のあるものが社会にはあると思うからである。

本書の構成

最後に本書の構成を説明しておく。

第2章は、ファスト風土と下流社会の先進国であるアメリカの視察旅行記である。前述したように、明治学院大学助教授、服部圭郎氏の案内で、私は2006年5月末から2週間ほどサンフランシスコからニューヨークまでアメリカを横断してきた。ウォルマートによってゴーストタウンになった町も見ることができた。移民のためにまだまだ人口が増えているアメリカでは、砂漠のような土地に殺風景な住宅地が作られ続けている。

第3章は群馬県太田市の現状レポートである（服部氏担当）。太田市というと清水聖義《まさよし》市長の肝いりで構造改革特区第一号に認められた英語教育特区がつとに有名である。しかし一方で、駅前の長さ700mの商店街が近年一大ピンク街になってしまったことも一部の人には知られている。そこには無数の風俗店があり、日本人だけでなく、中国人、韓国人などの女性がかなり激しいサービスを提供しているらしい。

私はピンク街や風俗産業を批判するほどお堅い人間ではない。しかし駅前商店街がピンク街に変わってしまったと聞くと、これはかなり異様な話だと思う。

太田市郊外には国内最大規模のショッピングモールもある。太田市に限らず、日本最大のクルマ社会である群馬県では、商業・娯楽施設はほとんどが郊外に立地しており、古い商店街は完全に壊滅している。壊滅した商店街の自然発生的な活性化が、ある意味で一番手っ取り早いピンク街化だったのだ。

朝日新聞太田支局の記者が、こういう駅前の現状を市民は一体どう思っているのかと清水市長にたずねたところ、市長は「だれも変だと思っていないのでは。それに、思っても思わなくても変えられないものがある。百人が考えても名案のでない問題だ」と答えたという（朝日新聞群馬版2004年9月14日付）。

本当に「だれも変だと思っていない」のだろうか？　どう考えたって変ではないだろうか。

05年に設立された「ぐんま国際アカデミー」は小中高一貫教育で、国語を除いた大半の授業を外国人教諭が英語で行う。ホームページの「平成19年度初等部児童募集要項」によると、「①入学金　市内在住者20万円、市外在住者40万円　②授業料　5万8000円／月（年間69

万6000円）③施設費　10万円／年（4月・10月に各5万円）④給食費　8000円／月（8月を除く）⑤厚生費　6000円／年（4月納入）⑥教材費　3万円／年（4月納入）⑦その他　制服代（夏服・冬服・指定カバン・体操着・上履き他）、翻訳教科書代等が別途必要」ということであるから、年間100万円以上は必要だ。

このように、一方に、お金があれば国際的に通用する人間が育てられるという教育があり、他方に、金のためにセックスで稼ぐしかない人間が国内外から集まっている。それが同じ一つの市にある。そこに私は、将来の日本のファスト風土化と下流社会化が融合した具体的な社会の姿を見る気がするのだ。

ぐんま国際アカデミーに子どもを通わせる階層、市内にある富士重工や三洋電機に勤務する階層、ショッピングモールでパート、アルバイト、臨時雇用者として働く階層、駅前ピンク街で春をひさぐ階層。まさに太田市は、ファスト風土化と下流社会化、階層社会化の最先端を走っているのかも知れない。それが太田市のレポートを本書に入れた理由である。

第4章は、服部氏によるアメリカのウォルマート論。第2章でも触れるが、自由主義国アメリカにおいても、ウォルマート出店への反対運動、抗議運動は少なくない。なぜそれほどウォルマートが嫌われるかについて、アメリカの事情に詳しい服部氏がまとめてくれた。

第5章は、都内某私立大の大学院生、宮本冬子氏（ペンネーム）による世代論的ワーキング・プア論。彼女は就職氷河期世代であり、大学院に進んだが、それでも就職できるあてもなく、今は翻訳家の道に進もうとしている。アメリカのジャーナリスト、バーバラ・エーレンライクの近著『ニッケル・アンド・ダイムド――アメリカ下流社会の現実』を踏まえて、日本のフリーター世代の嘆きを書いてもらった。

第6章と第7章はアカデミックな論文を並べた。第6章は筑波大学助教授、藤田晃之氏によるアメリカの階層格差と教育の状況についての研究。日本の状況と引き比べながらお読みいただきたい。黒人やヒスパニック、あるいは移民問題があまりに大きいために見えにくい白人の下流層の実態が理解されよう。

藤田氏にお会いしたとき、こんな会話になったことがある。日本の底辺校の高校生は九九ができないという話をどこかで聞いてびっくりした私は、「それは本当ですか」と藤田氏にたずねたのだ。「もちろんです。それどころか平仮名すら時にあやしい高校生がいます」。「えっ！」と私はのけぞった。勉強が嫌いでも、九九ができて対人能力があれば、ホステスくらいにはなれる。最低限の読み書きそろばんができて体力があれば、宅配便のドライバーになれる。でも、平仮名も書けなくて、もし対人能力も低かったら、どうやってお金を稼ぐのか？「そうなると、もう売春でもするしかなくなりますね」「そうなんです」。しばし呆然とせざるを得なかった。

第7章は、首都大学東京准教授、鳥海基樹氏によるフランスにおけるファスト風土化に関する考察である。鳥海氏とは、国際日本文化研究センターでフランス国立社会科学高等研究院(EHESS)教授のオギュスタン・ベルク先生が主宰された研究会で知り合った。同研究院で博士号を取得した鳥海氏はフランスの都市景観論の専門家である。

私も04年秋、ベルク教授に招かれてフランスでファスト風土論を講義する機会があった。そのときパリの建築専門書店でダヴィッド・マンジャンという建築家が書いた『フランチャイズ化される都市』という本を偶然見つけた。私はフランス語はわからないが、どうもフランス版のファスト風土批判であることは間違いなかった。そこで鳥海氏に翻訳と解題をお願いしたのがこの章のベースになっている。

このように、アメリカやフランスの実情について三氏が論じてくれたおかげで、ファスト風土化と下流社会の世界同盟化が進んでいることがよく理解されると思う。

ウォルマート進出によってゴーストタウン化した商店街（ニューメキシコ州）

第２章

これがアメリカのファスト風土だ！

三浦 展

私は、2006年5月末から6月初旬まで、ファスト風土先進国であるアメリカの実態を視察するために、服部圭郎氏のガイドにより、カリフォルニアからニューヨークまでアメリカ大陸を横断する旅行に出た。以下はその記録である。

田園調布のモデル住宅地

5月28日、サンフランシスコ着。

まず、東京の高級住宅地・田園調布のモデルとなったセント・フランシス・ウッドに行く。サンフランシスコ都心部から車で20分ほどの丘の上にある。

セント・フランシス・ウッドは民間デベロッパーのメーソン・マクドフィー社が1912年に「都会の中の田舎」をイメージして開発した住宅地であり、環境デザイナーはニューヨークのセントラルパークをはじめ、数多くの公園をデザインした、あのフレデリック・オルムステッドと2人の息子が設立したオルムステッド・ブラザーズ事務所だった（東秀紀・他『「明日の田園都市」への誘い』参照）。

ここは、確かに素晴らしく美しく、そして快適な住宅地だ。丘の上から下る形でセント・フランシス・アベニューがあり、その遠くに海が見える。アベニューの左右には道が少し湾曲し

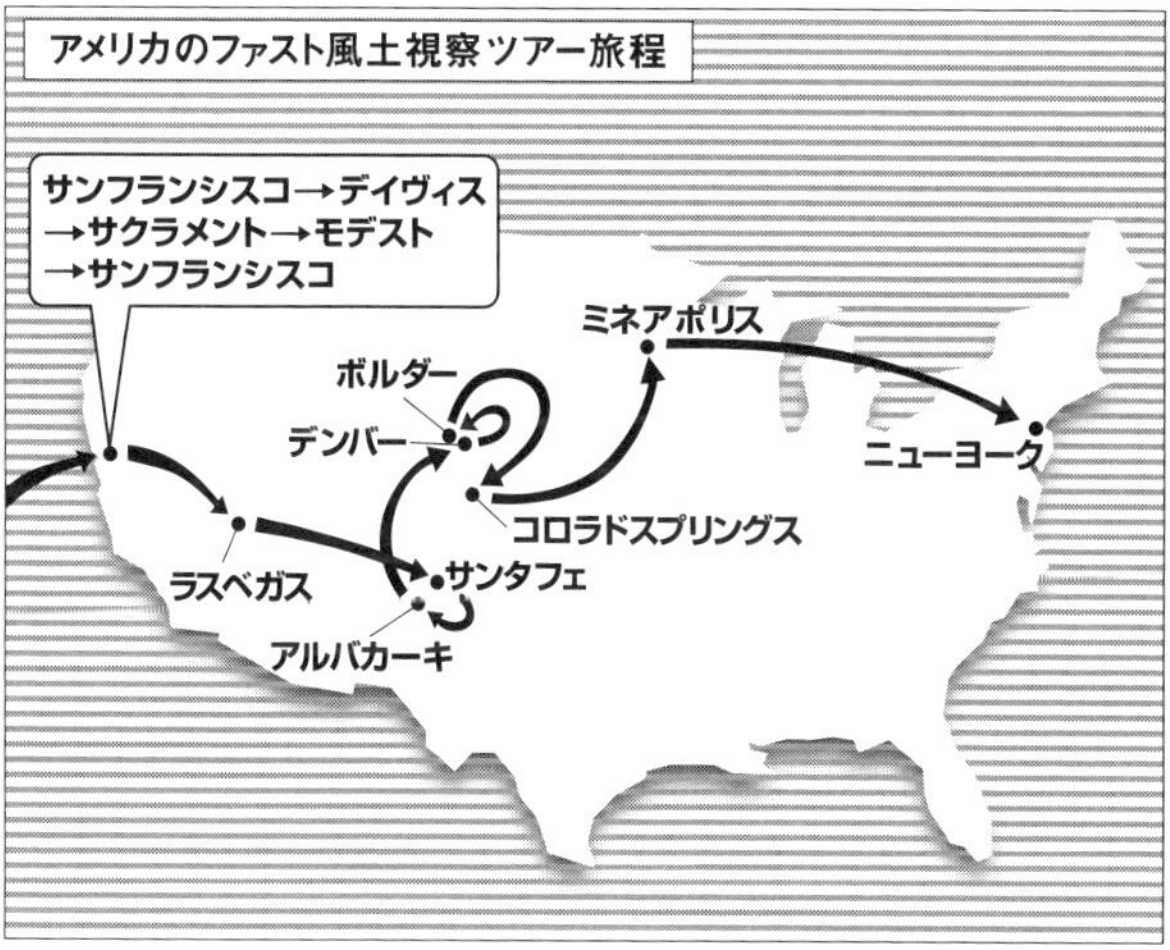

ながら放射状に延びている。街路樹も庭の緑も美しい。気持ちのよい風も吹き、なるほど、これはまさに田園調布のモデルだと納得できた。

田園調布は、明治大正の大実業家渋沢栄一が実業界を引退するのを機に、社会貢献事業として企図され、1923年から分譲された。実際に田園調布の建設に当たったのは息子の渋沢秀雄である。

秀雄は最初、世界最初の田園都市であるロンドン郊外のレッチワースを訪ねた。しかし彼はレッチワースを見てなぜか失望した。そこで次に訪ねたのがセント・フランシス・ウッド。これに秀雄はいたく感銘を受け、ここをモデルにして田園調布が計画されたのである（東・前掲書）。

しかし、フランス国立社会科学高等研究院のオギュスタン・ベルク教授も指摘するとおり、日本やアメリカではレッチワースで目指された本当の田園都市の思想はほとんど受け継がれなかった（ベルタ『都市のコスモロジー』）。本当の田園都市は都市であり、単なる住宅地ではない。ましてベッドタウンではない。レッチワースには職場もあり、当初は下着工場もあった。労働者のための家もあれば、単身女性のための集合住宅もある。多様な人が住み、働く場所なのである（レッチワースについては三浦編著『脱ファスト風土宣言』の齊木崇人氏の論文を参照）。

ところが日本とアメリカでは、緑が豊かな郊外の住宅地という意味でのみ田園都市の概念が広がった。田園調布もセント・フランシス・ウッドもその例外ではない。

ただし、セント・フランシス・アベニューを下ると商店街がある。まだ古い映画館もあり、そこそこ人通りもある。田園調布も東横線の駅の西側が住宅地だが、東側は下り坂になっていて通り沿いに商店街がある。ちょうどそれと似たような構造である。どちらもモータリゼーション以前の住宅地なので、住宅地に住む人が歩いて商店街に来ることが前提になっている。商店街も含めて考えれば、セント・フランシス・ウッドも田園調布も田園都市的だと言えるかもしれない。

男女の格差から雇用の格差へ

夕方、サンフランシスコ中心部のボーダーズ書店へ行く。ボーダーズ書店は郊外のモールにもたくさん出店している書店だ。

社会学のコーナーに行くと、スプロール化（住宅地が都市の外縁部に無秩序、無計画に広がること）、コミュニティの崩壊、貧困層（特に新しい経済システムによって増加するそれ）についての本が多い。それはまさに本書のテーマだ。バーバラ・エーレンライクの『Nickel and Dimed』とデイヴィッド・シプラーの『The Working Poor』の2冊も並べて置いてあった。『Nickel and Dimed』のニッケルは5セント、ダイムは25セント。よって「低賃金で働かされて」といった意味である。

アメリカでこれだけこうしたことが問題になっているのに、日本が同じような方向に進もうとしていることが私には不可解だ。本当にこれが、われわれが取るべき道なのか？

現代の経済は、人々を、ビジネスモデルを考える少数のエリート（典型的にはＭＢＡをとって経営戦略を考える人）と、彼らの考えるとおりに働く非正規雇用者に二極化させる傾向を持っている。サービス化した経済社会においては、企業は消費者の変化に日ごとに対応することを余儀なくされるため、従業員を正社員として固定することができない。そのときどきの必要に応じて非正規雇用者を雇うほうが合理的である。

もちろん、これまでの日本にも非正規雇用者はたくさんいた。主婦のパートタイマーである。

彼女たちは我が国の非正規雇用者の大半を占めていた。そのため、われわれはサービス経済化が社会を二極化させるものであることに気がつかなかった。男女の役割分担という意識が煙幕となっていたからである。

しかし近年、非正規雇用者が若年層や男性にも増えはじめ、同時に女性にも総合職や管理職が増えはじめたために、正規雇用者か非正規雇用者かは男女の役割分担ではなく、明らかに雇用形態と所得の二極化であることにわれわれはようやく気がついたのである。

妻が非正規雇用者であっても、夫の正規雇用者としての地位が安定していれば、社会はそれを男女の役割分担と見なし、二極化とは見なさなかった。しかし現在増えているのは、夫も妻も正規雇用者、逆に夫も妻も非正規雇用者というケースである。夫が正規雇用者で妻が非正規雇用者というケースは、もちろんまだ多数派だが、今後は次第に減少していくだろう。

非正規雇用者から管理職や役員に登用されるケースも、わずかだが増えている。それはとても良いことである。しかし、当然だが、すべての非正規雇用者にそのようなチャンスが巡ってくるわけではない。今までよりもチャンスは増えると思うが、それでも多くの非正規雇用者たちは、一生、非正規雇用者のまま終わる可能性のほうがはるかに高い。女性で非正規雇用で、かつシングルマザーであれば、社会の底辺に押し込められる。

かつて正規雇用者は、まじめにこつこつ働けば、そこそこ出世ができ、所得が上昇した。しかし今、非正規雇用者は、まじめにこつこつ働いても、所得は上がらず、出世などできない。その結果として階層の固定化が生じる危険性は高い。

5月29日、サンフランシスコ東部のデイヴィスへ。

途中ディアブロ山のふもとのダンヴィルという地域の住宅地を見る。比較的高所得層が住む住宅地らしい。

ここからディアブロ・ロードを東に向かうとブラックホーク・ロードという名前に変わり、そこをしばらく走ると、ブフックホークという名前のゲーテッド・コミュニティがある。この中にはゴルフコースもある。というより、ゴルフコースの中に住宅を建てたと言ったほうが正しいようなところだ。

ゲーテッド・コミュニティとは、住宅地全体が塀などで囲まれていて、守衛のいる門（ゲート）を通らないと入ることができない住宅地。高所得者向けの高級住宅地だが、全米に３０００ほどこのゲーテッド・コミュニティがあると言われている。また、今では治安上の問題から、ゲーテッド・コミュニティはごく普通の中流層のための住宅地にも広がっているようだ。

ブラックホークからUターンして、ディアブロ・ロードを引き返すと、そこにもディアブロ・カントリークラブというゴルフ場があり、ゴルフ場に隣接して古い住宅地があった。ここはゲーテッドではないが、古い住宅地らしく、緑が鬱蒼《うっそう》と繁っており、軽井沢の別荘地のようである。

ひどい風景と太った低所得層

午前11時、デイヴィス着。デイヴィスは大学都市なので、落ち着いた知的な街である。そこで元デイヴィス大学のフジモト教授（日系二世）に昼食をいただきながらお話を伺う。

「アメリカにひどい風景を見に来たんだが、どこか紹介してください」と言うと、「さて、どこがいいかな?」と、娘さんに聞いてくれた。娘さんは「だったら、サクラメント市のフローリンという地域がいいんじゃない?」と教えてくれた。

そこで早速、デイヴィスの約40㎞東にあるフローリンを視察に出かけた。フローリンは、本来はフローレンス（フィレンツェ）同様、花のある美しい町という意味のはずだ。が、行ってみると花などないどころか、殺伐としか言いようがない所だ。当然だが、道を歩いている人はいない。

先ほどのダンヴィル一帯では、ジョギングをしている人が多い。高所得者ほどよい環境に住み、豊かな緑ときれいな空気の中で健康を管理している。逆に、低所得者ほど荒れた都市や車がないと暮らせない殺風景な郊外に住み、町を歩くことも、ジョギングすることもないのだ。

全米各地で見つけた廃墟になったショッピングモール

しかも、このあたりはショッピングモールがもともと多い上に、新しいモールがどんどんできているようで、古いモールがつぶれて廃墟になり、広大な駐車場にぺんぺん草が生えている。廃墟になったモールを見るのが今回の視察の大きな目的の一つだったが、その目的が早々に達成された。

いくつかある、つぶれかけのモールの一つを訪ねると、閉店セールをしている洋品店があり、その横にはワンダラーショップ one dollar shop、日本でいう100円ショップがあった（ただし500㎡以上ある）。店内に入ると床にゴミが散らかって、荒れた雰囲気だ。

客層は黒人、ヒスパニックが多数派である。そして、こういう安い店に来る人はほとんどが太っている。特に白人は肥満である。アメリカでは低所得層ほど肥満気味だと言われているが、今回の視察で見た多くの店からもその傾向ははっきり見て取ることができた。低所得者向けの店にいる客はほとんどが太っており、逆に高所得者向けの店の客はほぼワスプ（WASP。白人でアングロサクソンでプロテスタントの意。アメリカの支配層を形成する）だけで、太った人は非常に少ないのだ。日本の地方のスーパーにも、心なしか太っている人が多いように見える。特に子どもがそうだ。肥満率はアメリカほど高くないが、似たような傾向はあるのかもしれない。

一方、新しくできたばかりのモールを見ると、店舗が中国系とメキシコ系ばかりだった。推測だが、この地域で近年中国系やメキシコ系の移民が増え、白人が減少し、それに対応して新しいモールは中国人やメキシコ人向けになり、一方で白人向けのモールがつぶれ、今は黒人とヒスパニックと低所得の白人しか行かないようになったのではないだろうか。

午後5時、デイヴィスに戻り、カリフォルニア大学デイヴィス校助手のジョナサン・ロンドン氏に会う。ランドスケープデザインが専門だ。奥さんは教育が専門。「スローフード」「地産地消」を実践しているロンドン氏が地元で採れた食材を使ってつくってくれた手料理をいただきながら、お話を伺った。

ロンドン氏いわく、「郊外化やショッピングモールには環境面、経済面（階級問題）、そして社会面の問題がある。社会面の問題とは子どもの社会化の問題だ。モールが増え、既存の地域社会が弱体化し、子どもがセールにばかり行って消費だけしていては、ちゃんとした大人にな

アメリカの低所得層は肥満が多い

れないよね」。まさに私と同じ意見だ。ロンドン氏はお子さんを午後7時に寝かせ、ウォルマートには絶対連れて行かないという。

ロンドン氏は、モデストでウォルマートなどの郊外のショッピングモール進出を考える運動をしている女性がいるから会ってみたらどうかと電話番号を教えてくれた。早速連絡を取り、翌日モデストに行くことになった。

モデストは映画『アメリカン・グラフィティ』の舞台となった町だという。昔懐かしいアメリカのホームタウン。そこがウォルマートによって衰退しているというのだ。

市民意識の崩壊と人心の荒廃

5月30日午前10時、モデスト着。

会ったのはNPOのキャロル・ホワイトサイド女史。実はモデスト市の元市長だ。

「最初に言っておきますが、私はウォルマート反対運動をしているのではありません」

彼女は共和党なのだ。自由競争には賛成だ。

「単なる反対ではなく、こうした大型店がコミュニティにどういう影響を与えるかを考えているのです。大型ショッピングモールは非常に広い土地を消費してしまいます。農地だった土地が消費されるのは環境面で問題です。また、モデストの外側にショッピングモールができてもモデストの税収は増えませんし、それどころか市内の商店がつぶれてしまっては、税収が減ってしまいます。それから、貧しくて自動車が買えない人たちは中心市街地の商店街がなくなると困ってしまう」

実際モデストでは古い自転車で走っている男性を見かけた。

女史は私が差し上げた拙著『検証・地方がヘンだ！』に掲載された写真を見ると、「これが日本ですか？」と言い、ふーっと深いため息をついた。

「すべての街が均質化するのは問題です。地方のアイデンティティが失われてしまう」

私はあえて聞いてみた。「地方のアイデンティティがなくなることがなぜ問題なのでしょう？」

すると女史は、開口一番「市民意識 citizenship の崩壊です」と答えた。街を愛する元市長ならではのひとことだった。

「コミュニティが崩壊するということは、人々が匿名化してしまうということです。それでは良き市民意識は育ちません」

「でも、グローバリゼーションは止められないですからね」と寂しげに言う女史はモデスト、およびアメリカのみならず、世界のすべてのスモールタウンの将来に対してかなり悲観的なようだった。

午後2時、インタビューを終え、サンフランシスコへ帰る途中、タコベルで食事。まずい。そして、ウォルマートのスーパーセンターを見る。

思ったほど大きくないが、それでも売り場が1万㎡以上あるかと思う。15分ほど店内を見ていたら服部氏も私も頭がクラクラしてきた。クラクラして、理性がなくなって、ついつい物を買ってしまうのかと思った。

スーパーセンターとは生鮮食料品も扱う店のこと。普通のウォルマートは生鮮品を扱わず、日用品、雑貨、衣料品などを売っている。しかし生鮮品を扱うスーパーセンターが進出すると、モデストのような小さな街にある小さな食料品店がつぶれてしまう。

たとえば、先述のジョナサン・ロンドン助手から、こんな話も聞いた。町の食料品店に瓶詰めのピクルスを納めていたメーカーがあった。その街の郊外にウォルマートが来ると、うちにもピクルスを納めろという。もちろん、たくさん買ってくれるが、その代わり値段は下げる。値段を下げるために瓶を大きくする。実際ピクルスの瓶を見たが、大きさが3ℓくらいある。そんなに大きいと、最後はおいしくなくなる。残ったピクルスは捨てて新しいものを買うようになる。もちろん町の食料品店はつぶれる。メーカーもあまり利益は出ない。いいことはあまりないのだ。なにより人心が荒れるのである。

愛国者の楽園

5月31日、ネバダ州ラスベガスへ。

ホテル到着後すぐに街を歩く。大変暑い。だが人通りは多い。テーマパーク型ホテルが流行しているので、古代ローマ、パリ、ニューヨーク、アラビア、エジプトなどのゾーンがある。馬鹿馬鹿しいが、ここまでくると腹も立たない。私ですら馬鹿になって楽しもうと思うのだから、大変なものだ。

それに、これだけたくさんの人が歩いている街というのは、アメリカではニューヨークとサンフランシスコを除けば、ディズニーランドとラスベガスだけだろう。歩いて楽しめる街があるということは、それ自体としてはいいことである。

ラスベガスの旧市街地も視察した。ラスベガスがギャンブル都市になったのは、ニューディール政策時代、フーバー・ダムの建設作業者のための娯楽施設が作られたのがはじまり。その頃は鉄道時代なので、駅周辺に街があった。現在の道路沿いに街ができたのは戦後である。旧市街地には昔ながらのホテルやカジノも残存しているが、デザインは日本の古いパチンコ店と同じで（というかパチンコ店が真似たんだろうが）、さびれた感じは否めない。

夜は、エルビス・プレスリー（!）、マイケル・ジャクソン、ブリトニー・スピアーズ、クリスチーナ・アギレラらの物まね芸人（！）ショーを見物。小泉さんの前にエルビスの物まねショーを見るなんて、私には予知能力があったのか？

そして、やはりプレスリーは、たとえ物まねでも人気が高い。偽物なのに主婦と思われる追っかけの女性がいる。エルビスが女性に汗をハンカチでぬぐわせてやると、キャーキャー言っていた。

最後にエルビスやマイケル・ジャクソンらが一堂に会して『リビング・イン・アメリカ』を歌ったのには驚いた。ラスベガスは愛国主義の場でもあるらしい。まさに砂漠の上にできた再魔術化の国だ。

そういえば、数人のタクシー運転手に聞いたところ、一人目はパキスタンからの移民で、元軍人。パキスタンに比べていかにアメリカが平等で豊かで素晴らしい国かを力説していた。車はだれでも買えるし、教育もだれでも受けられる。こんないい国はない。でも彼もブッシュは嫌いだと言う。

二人目は、ラスベガスはいつも何か新しいことが起きているので退屈しないよと言う。

「でも今年に入ってもう9人警官が死んだけどね」

三人目はギャンブル好きで、50万円くらいならしょっちゅう当てているし、最高金額は500万円くらい。お金があるときは楽しいし、無いときは楽しくないのがラスベガスだ、と答えてくれた。でもどうやらギャンブル好きにあきれ果てた奥さんに逃げられてしまったらしい。

三人の話を総合するとラスベガスはやはり一種の楽園だ。移民や離婚された男にもやさしい。故郷喪失者にとっての愛すべき異郷なのだろう。

そう考えると、日本のさびれた中心市街地を再生するには、ラスベガスのような娯楽街をつくることも現実的には一つの重要な選択肢にせざるを得ないと思った。工場が海外に移転し、公共事業も減っていくとしたら、大きな産業は観光くらいだ。

しかし、城下町などの歴史的な資源がない地域は、歴史ではない何かを作り出さなければ人は呼べない。だから、ラスベガスのような本格的なカジノとショービジネスの街をつくるという案も無視はできまい。少なくとも商店街がピンク街になるよりはましであろう。

6月1日、ニューメキシコ州サンタフェへ。

サンタフェは、観光リゾートを主要産業とする豊かな街である。ただし、観光客はワスプだけだった。

夜、ニューメキシコ大学のチェスター・リーブス教授とメキシコ料理を食べる。リーブス教授は『Main Street to Miracle Mile』というアメリカの商店街の歴史を調べた本を書かれている。また、彼は、ヴァーモント大学に歴史保存学科を発足させ、ヴァーモント州を始めとした全米の文化的景観の保全に尽力してきた、その道の第一人者である。

この街は、簡単に言えば本来、ネイティブ・アメリカンが住んでいた街で、その後、スペイン領になった。今はその時代の歴史的街区を保存、復元している。だから、いつの時代かにバンガロー様式で建てられた家も、今新しく建て替えるときはサンタフェ様式にするという。

そうしたほうが観光客も呼べるからいいのだが、しかし、同じ様式で街ができていくと、皮肉なものでテーマパークのように見えてしまう。つまり歴史性を重んじた空間を意図的に作ると、それが逆にリアルではなく非現実的な空間に見えてしまう。ディズニーランドみたいに見えるのだ。ここらへんが歴史を資源にした街づくりの難しさだなと感じた。


6月2日、ニューメキシコ州アルバカーキへ。

ニューメキシコ大学のスティーブン・ウィーラー助教授に会い、新しい郊外のひどい開発状況を案内してもらう。高級住宅地から、中流向け、低所得者向けの住宅地までいろいろと視察した。新興住宅地は荒涼とした砂漠に(西部劇の世界と思っていただいてよい)、同じ形をした同じ家が並んでいる。日本でいうメゾネット風のアパートもある。中流向けの住宅地でもゲーテッド・コミュニティになっているところもあるようだった。

驚いたことに、低所得者向けの住宅地にはトレーラーハウスが並んでいるだけのものがある

アメリカではまだまだ巨大な郊外住宅地が建設され続けている

つぶれたショッピングモールの改造工事現場に出くわした。テレマーケティングのコールセンターに変えるのだという（2枚ともアルバカーキ周辺）

（第6章の扉写真参照）。トレーラーハウスの住宅は、もちろん賃貸だが、住んでいる人が勝手に自分で手を加えている。だから一つとして同じ家が無く、分譲住宅地よりもかえって個性的で面白いのが皮肉である（注：トレーラーハウスとはキャンピングカーの一種で、クルマで引っ張って移動することのできる家のこと。特定の場所に一定期間定住することを目的としているが、貧困層が中古のトレーラーハウスを改造して自宅にするケースが少なくない。クリント・イーストウッドの2005年アカデミー賞受賞作『ミリオンダラー・ベイビー』で、主人公の貧しい女性ボクサーの一家が住んでいたのもトレーラーハウスである）。

このあたりはウォルマートもたくさんある。また、つぶれたKマート（これもかなり大きなショッピングモールである）が、テレマーケティングのコールセンターに改装中であった。こうしたショッピングモールの改装はリモーリングと呼ばれ、アメリカではすでにかなり進んでいるらしい。

心の故郷

午後1時30分、デザイナーで日本在住経験もあるクリストファー氏に会い、アルバカーキ北部のベロンという街を訪ねる。そこにはまさに砂漠の中にウォルマートがあり、ウォルマートの配送センターもあって、配送センターにはひっきりなしに大型トラックがやってくる。ウォルマートの隣には大きな新興住宅地があったが、午前中に見たアルバカーキの住宅地と同じデベロッパーが開発したもので、まったく同じデザインだった。まさにファスト風土である。クリストファー氏が通行人に尋ねてくれて、鉄道駅近くの、ほとんどが空き店舗になってゴーストタウン化した商店街も発見することができた（本章の扉写真参照）。元ボウリング場の前に女性が二人いたので、インタビューしたところ、この町はウォルマートにつぶされたのよと言っていた。アメリカでも商店街の破壊は現在進行中なのである。

アルバカーキはルート66が横断する町である。ルート66すなわち国道66号線はアメリカ合衆国中西部・南西部の8州を通り、イリノイ州シカゴとカリフォルニア州サンタモニカを結び、アメリカ最初の国道の一つとして1926年に建設された。大陸を横断する国道として、アメリカの経済・産業の発展に大きく寄与したが、85年に廃線となり、現在では旧国道66号線（Historic Route 66）として、国指定景観街道（National Scenic Byway）に指定されている。ルート66はアメリカ人にとって心の故郷といった存在であり、映画や音楽などにも多く登場している。

2006年にはディズニーが『カーズ（車たち）』というアニメーション映画を公開したが、この舞台がルート66沿線の「ラジエーター・スプリングス」という架空の小さな町。かつては栄えた町だが、大きな高速道路ができるとさびれてしまったという設定だった。

この映画にこんな台詞《せりふ》がある。「昔、道路は自然の地形に沿って蛇行し、上り下りもたくさんあった。だから車を運転する人たちは、自然の中を、自然を眺めながら走ることを楽しんだ。ところが大きな高速道路は自然を破壊してまっすぐに建設される。だから人は通りすぎるだけだ」。

ディズニーのようにアメリカの人工的な文化を代表するような企業でも、新しい高速道路の建設によって古い小さな町が廃《すた》れると、自然と人間と車が一体になっていた時代を懐かしむ映画を作るのである。

もちろんディズニーランドには、そこに入るやいなや「メインストリートUSA」がある。それは、かつてのアメリカの商店街を模した街並みである。またディズニーは、フロリダ州にセレブレーションという街も作っている。これも、アメリカの古いスモールタウンの要素をふんだんに取り入れたニューアーバニズム的な手法で街並みを作り出している（ニューアーバニズムについては、拙著『ファスト風土化する日本』および編著『脱ファスト風土宣言』の渡和由氏の論文を参照）。

6月3日、コロラド州デンバーへ。

デンバー空港は飛行機を降りてからモノレールで3駅先に行かないと荷物が受け取れない。

自動車ディーラーの店に大きな星条旗が掲げられていた（コロラド州内）

そしてそこからバスに10分乗らないとレンタカー乗り場にたどり着けない。空間が広すぎる。無駄だ。

空港からレンタカーでコロンバイン高校へ。1999年に生徒による銃乱射事件があったところだ。当時新聞でこの事件を読んだとき、写真に写っていた高校生がすべてきれいな金髪の白人ばかりだったので驚いたが、実際そういう人ばかりだった。まわりは比較的新しい住宅地で、都市計画的にはきれいである。雰囲気は神戸の西神ニュータウンとか、東京の田園都市線沿線に近い。緑が美しい住宅地であり、アメリカの住宅地にしては住民が街を歩く姿が多い。そういう意味では良い街だ。こういう街で銃乱射事件が起きるのはなぜなのか。

午後5時、住宅地に近いリージョナルモール（地域に古くからある、商店や飲食店が数店集まった場所）で食事。オールドファッションド（昔風）ハンバーガーを食べる。そこそこうまい。店内には大型モニターが何台もずらりと並べて置かれており、野球などのスポーツを放映している。賭けたい人は賭けられるようだ。

そのあとホテルへ。ホテルの近くは古い住宅地で、住宅と住宅の間の路地は舗装されておらずでこぼこだ。そういう路地はまさにアメリカの心の故郷という印象で、日本人である私が見てもとてもノスタルジックだ。ニューメキシコで見た旧街道もそうだった。異国でも、古い街道や路地には、見る人の心を和ませる何かがある。

悪い奴ら

6月4日、コロラド州ボルダーへ。

ボルダーの都市計画局部長ピーター・ポラック氏に会って、朝食を一緒にとりながら話を伺う。ボルダーは都市計画がしっかりしていて、都心部のまわりをグリーンベルトが囲み、大型店が出店できなくなっており、市内にはウォルマートなどの大型店がない。どうやってそういう規制をしているのかを聞きに来たのである。

なぜウォルマートを出店させないか。似たような大型店の「ターゲット」は出店しているのに、なぜなのか、そこがよくわからない。しつこく聞くと、「ウォルマートが悪い奴だから」というニュアンスの回答だった。どうも企業体質が感情的に嫌われているようだ。大型店がすべていけないというわけではないらしい。ウォルマートは68ページに書いたように、自分たちの都合の良いようにしかビジネスを考えないのが嫌われる理由らしい。

確かにボルダーにウォルマートは似合わない。ロッキー山脈のふもとで、標高1800mほど。日本のマラソン選手が練習に来る町で、有森裕子も高橋尚子も来た。有森裕子は、今住んでいるらしい。トレッキング、ロッククライミング、冬はスキーもできる。アウトドア・スポーツのメッカのようなところだ。熊も鹿もいる。そして「ロハス（Lifestyles Of Health And Sustainability）」という言葉を生んだ『The Cultural Creatives』（社会学者ポール・レイらが15年にわたり全米15万人の価値観を調査）という本では、カルチュラル・クリエイティブズと呼ばれる人々が最も好む町として、このボルダーを挙げている。

ポラック部長にパール・ストリートという中心市街地の商店街を案内してもらう。パール・ストリートは横浜馬車道のような大きさだが、全国チェーン店をできるだけ制限し、地元の店を重視している。カフェも多く、街路樹もあり、快適な商店街だ。大道芸人もいる。古いホテルだけでなく、80年前にできて今は使われていない映画館を歴史遺産として保存している。都市の記憶を大切にしているのである。さらに住宅地に入ると、人工的に作った小川が流れていて（とはいえ見た目はまったくの自然の川である）、川に沿ってサイクリングコースがある。

このようにボルダーは、自然と都市の良さを併せ持つ田園都市として整備されている。東京で言うと、玉川上水を中心とする吉祥寺・三鷹地域と国立と駒沢公園を足して、さらに軽井沢のようにしたような所と言えようか。本当にいい街で、1年くらい住んでみたいと思わせる。

ポラック部長の話によると、ウォルマートのような大型店は地元の商店をつぶしてしまうので問題が多い。とはいえ大型店は便利だから、ビッグボックス（郊外ロードサイドに見られる巨大なショッピングセンターのことで、その外観が大きな四角い箱のようであるためこう言われ、この形の店はビッグボックス・リテイルと呼ばれる）ではなくミッドボックスくらいのモールを作り、地元の店も出店できるようにしているということだった。

実際あるミッドボックスも視察したが、日本でもよく見かける2000㎡ほどの敷地面積で、駐車場も広すぎずヒューマンスケール。植樹もされている。ビッグボックスのだだっ広い駐車場の殺風景さに比べるとはるかに快適である。

ミッドボックスの中のホームセンターに入ったが、店員の商品知識も豊富で、釘1本でも買えるらしい。東急ハンズみたいなものである。大型のホームセンターだと、釘が1本欲しいときでも、大きな袋詰めでないと買えないらしい。私はホーム・デポで靴下を買おうとしたが、まるで軍手のように20足まとめてパックされて売られていたので閉口した。1足で買おうとす

ボルダーの中心市街地、パール・ストリート。地元の店を重視し、街路樹もある快適な商店街だ

ボルダーでは、昔ながらの映画館に出合った。市民の保存運動の成果という

るとカルバン・クラインなどの高級品しかなく、値段も安くなっていない。無駄にたくさん買わざるを得ないようにできているのだ。

無気力を生むファスト風土

午後1時30分、コロラドスプリングスへ。

コロラドスプリングスはエリック・シュローサーの『Fast Food Nation』(邦訳『ファストフードが世界を食いつくす』)という本で取り上げられている、典型的な郊外大型モールの街である。実際行ってみると、ものすごく広い一帯にモールがたくさんある。昼食はそういうモールにあるイタリア料理店でとった。やや高級感のある店だ。しかし味から察するにレトルトだと思われる。まずくはない。いや、おいしいのだが、手作りではない。店員は客と目が合うと必ずニコッと笑う。それがマニュアルなのだ。まさに映画『トゥルーマン・ショー』の世界だ。

シュローサーは次のように書いている。

コロラドスプリングスのある高校で進路指導を30年間担当している教師によれば、その高校は以前から「荒れた学校」「不良の学校」と呼ばれてきた。確かにその高校の生徒の約60%が低収入家庭の子どもだ。白人は40%だけ。そしてファストフード店で働く生徒が多い。家計を助けるため、そして車を買うためだ。車のローンと保険料で月に300ドルかかる。車のために生徒は働く。すると放課後にスポーツや部活動をする生徒が減る。生徒は夜遅くまで働き、宿題はせず、疲れ切って学校に来る。

コロラド州では16歳で退学する生徒が多い。入学する400人のうち、卒業するのは半数。大学に進むのは50人ほどしかいない。なぜ退学するのか。ファストフード店や小売業やテレマーケティング会社から熱心に誘われるからだ。30年前は、企業がこれほど10代の労働者を求めることはなかった。

昔は、たとえ低収入でも、母親が家にいて子どもを育てていた。今は誰も家におらず、両親とも生活のために働き、二つ三つと職を掛け持ちすることも多い。生徒達は幼い頃からひとりきりでいる。だから、規律や生き方を学校に教えてほしいという親が年々増えている。

コロラドスプリングスのマクドナルドには、5歳の娘をいつも店に連れてきて、店員に子守をさせる副店長がいた。シングルマザーだ。店員は「忙しい調理場やカウンターや、客のテーブルやロナルド・マクドナルドの等身大の人形のそばで長時間遊ぶ幼児を見るのはつらい」と打ち明けた。

生徒はしらけきっている。「おそろしく無気力な生徒が、とてもたくさんいます。この若さで、こんなに無気力な生徒が多いなんて初めてです」と教師はいう。

そんな街であるとは、ロードサイドの整備された外観からは想像がつかない。

午後6時、コロラドスプリングスからイングルウッドへ。

ここは昔ミシシッピ以西では最大といわれたシンデレラモールというショッピングモールがあったところで、今はつぶれて廃墟になっているという噂だった。しかしすでに再開発され、集合住宅と図書館と商業施設ができていた。そして、その中核施設としてウォルマートができていた!!

ここのウォルマートはカリフォルニアで見たものに比べるとすこしきれいだ。多少は地域に合わせるらしい。

モールの格差

6月5日、ミネソタ州ミネアポリスへ。『大草原の小さな家』でローラの住む街から鉄道でつながっている大きな街として登場する市である。とはいえ今でも半径30㎞の人口が200万人と言うから、東京圏の10分の1の大きさだ。

ミネソタ大学に留学している学生さんの案内で、サウスデールモールというショッピングモールを視察。インドア型（屋根のある）モールとしてはアメリカ初だそうだ。イオンのショッピングモールみたいなものである。

世界最大のショッピングモール、「モール・オブ・アメリカ」。一通り見るだけで3時間もかかった

その後ついにあの「モール・オブ・アメリカ」に到着。面積が39万㎡という世界最大の超巨大モールだ（東京ディズニーランドは51万㎡）。店舗数520。四角く囲まれたモールの内側にはジェットコースターなどの遊園地もあるという広さ。1階から4階まですべて見たら3時間以上かかった。疲れた。

モール・オブ・アメリカでは小さな子どもが誘拐されて殺され、臓器が売買されるという噂があるという。もちろん都市伝説だと思うが、いかにもそういう噂が出そうな空間だ。広すぎて自分がどこにいるのかがわかりにくい。しかも1階と2階に同じ店がある。だから、この店の三軒先のカフェで待ち合わせようと思っても、それが1階なのか2階なのか記憶が曖昧だと、混乱してしまう。私もトイレを探していたら完全に迷った。子どもなら、うろうろしているうちに誘拐するのは簡単だ。だから、モールの中に警察がある。

6月6日、ミネアポリス2日目。午前10時30分。

レインボーというスーパーへ行く。バケツほどもある巨大なアイスクリームのカップ、直径35cmで10枚1パックの巨大冷凍ピザを見て驚く。こんなものを毎日食べれば、すぐにデブになれる。

野菜も、あらかじめカットされた野菜のビニールパックが主流。ドレッシングもついているので、そのまますぐにサラダにできる。冷凍野菜も非常に多い。低所得の人ほど生野菜を買わないそうである。

次にアパッチプラザという、かつてのモールの跡地を見に行く。ここも先日のシンデレラモールと同様、再開発されて集合住宅地になっている。そしてなんとやはりウォルマートが進出していた!

そのほかにも、大小のスーパーや飲食店（ファストフード店）などができつつある。幕張ベイタウンや東急田園都市線沿線のグランベリーモールに似ている。写真だけなら、東京の郊外にも見える。まさにファスト風土だ。

ミネアポリスのアパッチプラザで見かけた店舗。東京の郊外の店と見分けがつかない

午後0時30分、ローズヴィルというモールへ。昨日のサウスデールモールにそっくりのインドア型モールだが、少しだけ庶民的か？　このモールのまわりにも、フリーウエイ沿いの1㎞四方くらいにたくさんのモールが集まっている。モールがモール化しているのだ。

そのあと、ミネアポリス中心部から30㎞ほど離れた高級郊外住宅地チャスカへ。緑と湖が多いこの地域（ここは五大湖の西に位置するが、そのほかにも無数の湖や池がある）の特徴を生かした、リゾート的な住宅地である。

カリフォルニアのダンヴィル同様、ゴルフコース付きの住宅地もいくつもあり、ゲーテッド・コミュニティもある。ゲートの中の住宅地に湖とゴルフコースがあるんだから、すごい。

このチャスカの丘の一番上に、ターゲットの最高級店らしき「スーパー・ターゲット」がある。スーパー・ターゲットは各地にあるが、ここのスーパー・ターゲットはSuper の字が緑色の筆記体になっていて、それが日本でいう紀ノ國屋のような高級感を醸し出している。

駐車場で車を降りると、まず太った女性と有色人種がほとんど皆無であることに気づく。女性はみな金髪で背が高く、スタイルが良く、ファッション雑誌から抜け出てきたような格好をしている。ミネアポリスのたまプラーザという雰囲気。

また、このスーパー・ターゲットはインテリアやバス・トイレタリ関係が充実しており、ターゲット独自のブランドのタオルなどが多数並べられている。家具のカタログもしゃれている。食品もカット済み野菜は少なく、生の野菜、果物が多いし、パックされた肉も内容量が少ない。10枚1パックのピザはないし、タンクみたいなコーラもない。ハーブ入りナーズや、エスニックフードなどが多く、つまり、おしゃれでヘルシーなのである。

このスーパー・ターゲットの周辺にはホーム・デポなどのホームセンターの大型店がひと揃いある。そして最近話題になっている医療モールもあった。医療モールには歯の矯正、整形外科も入っている。裕福な郊外の住民に必要なのは美と健康ということであろう。

また、ボルダーの都市計画局の部長が、ターゲットはいいけどウォルマートはだめ（78ページ）、という理由の一つは、ターゲットが文化事業、社会貢献事業、コミュニティ活動にも熱心なためとも思われる。ミネアポリス都心部にはターゲット・センターというイベントホールがあり、そこでいろいろな文化事業をしているらしい。また、別のスペースではダイアン・アーバスの写真展が開催予定だったが、そのスポンサーもターゲットである。こういうところがインテリ好みで、必然的に、低所得者、有色人種、ウォルマートとの差別化にもなっているのだろう。

人生の意味の喪失

6月7日、ニューヨークへ。

しばし美術館巡りなどで時間を費やす。10日、ブルックリン大学の社会学者シャロン・ズーキン教授に会う。ズーキン教授には『Landscape of Power』『Loft Living』『The Cultures of Cities』『Point of Purchase: How Shopping Changed American Culture』など、都市と消費文化に関する刺激的な著作がある。特に最新刊の『Point of Purchase』はウォルマート批判を含む。

彼女にユニオンスクエア近くのカフェでインタビューした。

「ファスト風土っていう概念は素晴らしいわね、まさにそのとおりだわ。ニューヨークでも大型店が増えています。クイーンズにもターゲットができたり、このユニオンスクエア近くにも新しいスーパーマーケットができたり。23丁目にはホーム・デポもできたのよ」

確かに、私が10年ほど前にニューヨークに来たときより、ニューヨークはかなりきれいになっている。新しいオフィスビルが増えただけでなく、古いホテルのリノベーションも進んでいる。あのプラザホテルはコンドミニアムに改装中だし、セントラルパーク・リウスのサンモリッツ・ホテルはリッツカールトン・ホテルに変わっていた。地下鉄は昔よりずっと清潔で安全になり、紙コップを片手に持って小銭をねだるホームレスも減っている。ユニオンスクエア界隈も、昔はもっと屋台が出たり、小さなピザ屋があったりした記憶があるが、それがほぼなくなって、ガラス張りの新しい専門店に取って代わられている。マンハッタンの東のクイーンズにはウォルマートが出店しようとしたが、反対運動にあって出店を断念。しかしウォルマートはまだニューヨークへの出店をあきらめていないらしい。

前述したようにウォルマートは嫌だが、ターゲットならまだまし、という価値観は、やはりターゲットのイメージ戦略や商品企画のやり方にあるらしい。

「ターゲットは、ベター・クロージング、ベター・スタイリングが売り物で、いろいろなデザイナーと契約して、独自のブランドを作っています。広告も派手だし。私はターゲットとウォルマートなんて同じじゃないかって思いますけどね。ターゲットが好きな消費者の中には、ターゲットをわざとフランス語読みして『タルジェ』って発音する人がいるんですよ」

やはりターゲットは多少アッパーなミドルクラスの消費者の心をとらえているらしい。東京で言えば、普通のスーパーじゃなくて成城石井やクイーンズ伊勢丹やザ・ガーデン自由が丘で買物をする、という感覚に少し近いのかも知れない。

大型店が増えて、地元の小さな商店が減ることの意味は何だろう。ズーキン教授に聞いてみた。

「まず第一は、個人化 individualization です。社会関係の欠落 lack of social relation と言ってもよい。第二は、低賃金。1970年代以降、低価格化が推し進められてきた結果、低賃金労働を余儀なくされた。第三は、地域のアイデンティティ local identity がなくなること。地域のアイデンティティがなくなることは、場所というルーツを持たないということ。それは人生の意味の喪失につながる。地域がずっと同じように存在しているということは、人間が人生の連続性を感じられるということです。同じ場所にいて、同じ人と会って、同じ店に行く。そういう暮らしがなくなるということは、自分自身を見失うということになる」

ズーキン教授の意見は、日頃私が考えていることとまったくと言ってよいほど同じだ。そこであえて、私はさらに聞いてみた。

「たとえば、郊外の大型店ばかりの、アイデンティティのない地域で育った子どもと、グリニッジビレッジみたいに地域のアイデンティティがあるところで育った子どもとでは、違う人間になったりしますかね?」

「うーん、それはわからない。難しい問題ね。それに、地域のアイデンティティというのは一方で排他的で閉鎖的なものでもありうる。白人の住む地域と有色人種の住む地域のように、お互いが排除し合うこともあるから」

ズーキン教授の答えは、私の質問への答えにはなっていなかった。地域アイデンティティに内在する問題と、地域アイデンティティがないことから生まれる問題は別の問題だ。

それからアメリカの場合の特殊性がある。アメリカにはチャイナタウンに代表される人種ごとの地区がある。地域アイデンティティについて考えようとすると、必ずこの人種問題が頭をもたげてくる。だから、同じ人種、民族の中で、地域アイデンティティがある場合とない場合の違いを比較することができないようなのだ。

ズーキン教授はインタビューの後、彼女の「なわばり」であるユニオンスクエアからグリニッジビレッジ界隈を案内してくれた。

まずはファーマーズマーケット。ニューヨーク近郊の農家がユニオンスクエアで開く市だ。このマーケットで売られる食物はすべて地元で作ったものでなければならないという規則があるそうだ。だから、野菜や果物はもちろん、加工品であるメープルシロップも近郊農家が作ったもの。つまり「地産地消」である。

彼女には行きつけの店が何軒かあるようで、そこにも連れて行ってくれた。一軒目は手作りパスタの店。ここでは、パスタを客の目の前で打っているだけでなく、客の好みの太さにしてくれる。二軒目は手作りチーズの店。生の柔らかいチーズを量《はか》り売りしている。日本の豆腐屋に近い感じ。まさに地元に根づいて商売をしている店だ。店にいた女性も、大阪の下町にいるような威勢のいいおばちゃん。都市も人種も違うのに、なぜか懐かしい。

　日本の碁会所のような「チェス会所」もあり、そのすぐ近くに床屋があったので、「床屋はやはり地域社会の拠点ですか？」とズーキン教授に

グリニッジビレッジのカフェ。自動車が少なく、通りが広場のような親密な空間を作り出している

尋ねると「もちろんそうです！」。「床屋政談」という言葉どおり、地域の人々が集まり、政治から野球まで、あれこれと話していく、そんな場として、床屋やチェスの店は洋の東西を問わず、地域社会の中で重要な役割を果たしているのだ。

グリニッジビレッジは1960年代の若者の対抗文化のメッカだし、今もボボズ(Bourgeois Bohemian)とかロハスといった価値観の人々を若者に限らず集めている。ヨガ教室やギャラリーなどが多く、東京で言うと中央線沿線の高円寺のような雰囲気が少しする。大型店のある郊外や、近代的な超高層ビル街とはまったく異なる、ヒューマンスケールで界隈性のある町である。

イタリア人が多く住んだ地域なので、イタリアの都市と同様、店先に椅子とテーブルを置いたカフェやレストランが多い。さして広くない通りの反対側にもそういう店が並んでいるし、自動車があまり走っていないので、通りが広場のように親密な空間を作り出している。そういえば『アメリカ大都市の死と生』を書いたジェーン・ジェイコブスもグリニッジビレッジに住んでいたのだ。

こういう広場のような街と、ウォルマートが乱立するファスト風土的な環境と、果たしてわれわれはどちらを選ぶのか？　選ぶべきなのか？　私にとって答えは明白だ。

「地域のアイデンティティがなくなることは、人生の意味の喪失につながる。地域がずっと同じように存在しているということは、人間が人生の連続性を感じられるということだ。同じ場所にいて、同じ人と会って、同じ店に行く。そういう暮らしがなくなるということは、自分自身を見失うということになる」というズーキン教授の言葉を改めてかみしめたい。

駅前商店街が週末の深夜に賑わう

第 3 章

ファスト風土化し下流化する地方

服部圭郎（明治学院大学助教授）

構造改革特区第一号に認められた英語教育特区で有名な群馬県太田市には、北関東最大級のショッピングモールがある一方、長さ700mの駅前商店街が一大ピンク街になっている。年間100万円かかる学校に通う人間とセックスで稼ぐしかない人間の二極化。そこには、日本のファスト風土化と下流社会化が同時に進む将来の日本の縮図がある。（編者）

700m続く駅前の風俗街

東京都内から特急列車に揺られて一時間余り。車窓に青々とした水田が広がる。遠くに見えていた山々が近づいてきた。高層のコンクリート造りの立派な駅舎を出て、中心市街地を散策する。駅前にはお決まりの商業ビルが建ち、その中核テナントは総合小売業のチェーンストアであるユニーだ。しかし、夕方であるにもかかわらず買物客は少なく、賑わいは感じられない。駅前のロータリーの方に向かっていくと、駅から真っ直ぐに延びる大通りに出る。ところが、一歩この通りに足を踏み入れただけで、まるで異境の地に迷い込んだような強烈な違和感を覚えた。アナーキーな近未来を描いた永井豪の漫画、『バイオレンスジャック』の時代へとタイムスリップしたかのような幻視感に囚われたのだ。

まず、大通りの幅が広い。しかも、自動車の車線は2車線しかなく、代わりに日本の地方都市とは思えないほど幅員のある歩道が整備されている。自動車が優に3車線分は確保できるほどの幅の広さである。しかし、そこを歩いている人は寂しくなるほど少ない。そして、道路沿いの建物はきれいに統一されている。きっちりと建築線に垂直に立つファサード（建物の外観）は、まるで西部劇の張りぼてのようにチープな、あたかもテーマパークの建物のような印象を与える。

しかし、この大通りが他の地方都市の中心市街地と本当に大きく趣《おもむき》を異にしているのは、これらの建物の多くが夜になると怪しげなネオンの光を放つ「おさわりパブ」、「ファッション・マッサージ」、「セクシー・キャバクラ」などの風俗店であることだ。駅から真っ直ぐに延びる大通り、都市の顔とでもいうべきその空間が風俗店に占拠されてしまっているのである。

しかも、そんな「風景」が約７００ｍほど続いている。ゆっくり歩けば10分もかかるほどの長さに、風俗店が連なっている。ここは、本当に21世紀初頭の日本なのであろうか。日を疑うような光景に茫然としたが、ここはまぎれもなく21世紀初頭の群馬県太田市の「南一番街」という駅前通りなのである。

全国でも珍しい光景

この南一番街は、太田市の広報誌でも「『北関東一の歓楽街』と呼ばれています」と記されている。実際、どの程度の風俗店が太田市に集中しているのか。風俗店の統計が少ないので、

どっと人通りが増え、通りには「客引き」があふれていた

金曜夜の南一番街商店街は、ネオンがけばけばしかった。9時を過ぎると

図１　群馬県とその周辺の主な都市にある風俗店の数（タウン情報誌『遊とぴあ』2006年５月号の掲載広告を集計）

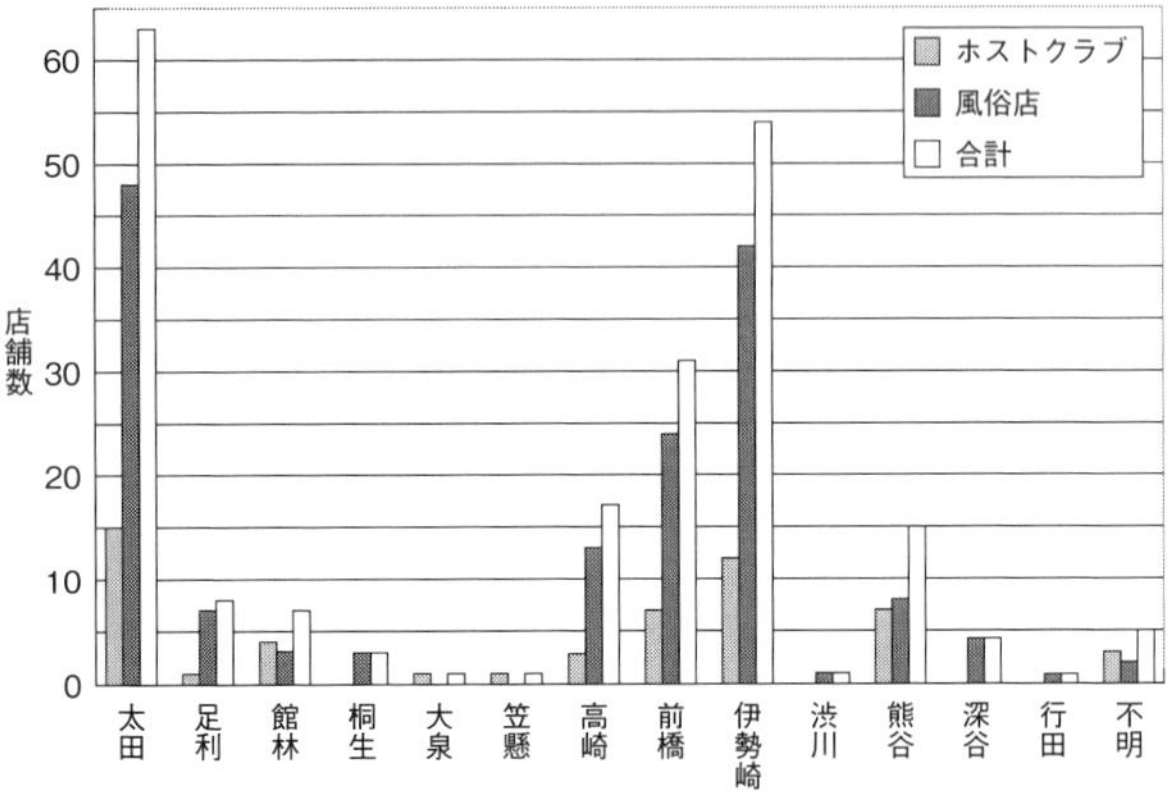

ここでは『遊とぴあ』という群馬・栃木のタウン情報誌に広告を掲載していた風俗店から、他の地域との量的比較を試みた（図１）。

グラフを見ると、タウン情報誌に広告を掲載する風俗店に関していえば、北関東では太田市と伊勢崎市が群を抜いて多いことがわかる。この地域での太田と伊勢崎の風俗街としての位置づけの高さが推察されるが、ここでは駅前大通りに風俗が進出している点に注目して「太田市」を集中的に論じたい（図２参照）。

風俗店に席巻されている南一番街ではあるが、実際、それはどの程度進んでいるのであろうか。

風俗化の度合いをブロックごとに見てみよう。駅前から数えて最初のブロックはほとんどが駐車場として使われているため、風俗系の利用は少ない。二つ目のブロックから徐々に飲食店が

図２　太田駅周辺地図（斜線の部分が対象ブロック）

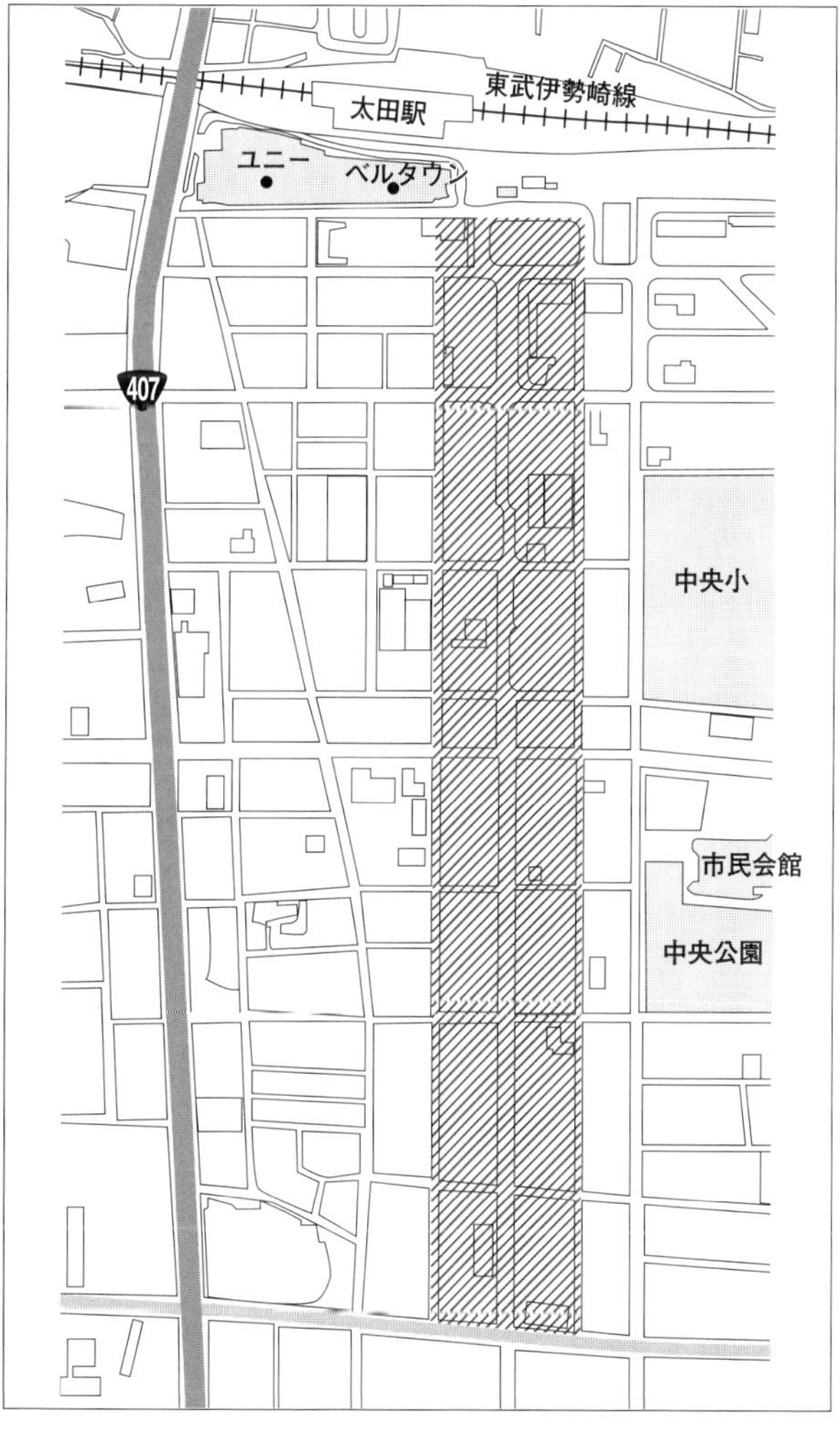

増えはじめ、それと同時に風俗店も増えていく。三つ目のブロックだと、ほぼ半分が風俗店となっているように見受けられる。四つ目のブロックには多少、コンビニなどの小売店が多いために風俗店は少なくなるが、五つ目のブロックではまた増え始め、半分ほどが風俗に利用されているとみられる。六つ目のブロックでも多く、風俗店ではないところもクラブなどの飲食店の立地が多い。七つ目のブロックも風俗店とクラブなどの飲食店でほとんどの土地利用が行われる。それより南は風俗関係の土地利用はなくなる。

このように、駅から続く七つのブロックで多くの風俗店が店を構える土地利用が行われている。ブロックによっては約半分ほどが風俗店で占められていると思われる状況だ。

もちろん、風俗店が集積している地区は全国にはたくさんある。東京の吉原や大阪の飛田新地などがすぐに頭に浮かぶが、たいてい駅前など都市の玄関口からは離れた場所にある。新宿の歌舞伎町、池袋の西口、渋谷の百軒棚、川崎の堀之内、札幌のススキノ、名古屋の栄、福岡の中洲、大阪の難波などのターミナル周辺でも風俗店は多いが、それらもちょっと裏通りというか、表通りから一本入ったところに人目をはばかるようにあるのが普通だ。

駅前の大通りに、あたかも自分達が主人であるかの如く、風俗店が堂々と軒を連ねているような場所は、ここ太田を除いて寡聞にして筆者は知らない（前述した伊勢崎市も、駅前にはあまり風俗店は集積していない）。

飲みと風俗のワンストップ・ショッピング

南一番街にずらっと並んでいる風俗店は、「おさわりパブ」である。おさわりパブとは、文字のごとくホステスの身体を触ることができる性的なサービスが付随しているパブのことである。一方で、飲み屋街に多く見られる普通のクラブはそれほどない。クラブのような店は裏通りに店を出していることが多いという。

また、全般的に中国・韓国・フィリピン人が働く風俗店が目立つ。利用者などからのヒアリング調査などを総合すると、駅前から南にシフトするにつれて中国→韓国→日本と、風俗店で働く女性の国籍が変化しているらしい。風俗店の特徴によって、棲み分けが行われていることが推察される。太田市役所の職員によれば、外国人、特に中国・韓国系の店舗が増えるようになったのは、2003年ごろからだそうだ。

さて、これらおさわりパブのサービス内容はどのようなものであるのか。その実態を理解するため、そこで働いている風俗嬢、よくそこの風俗店を利用する顧客に取材を行った。ただしサンプル数が十分ではないため、多少、利用者の実体験とは相違があるかもしれない。しかし、おおよその特徴として以下のことが推察される。

【内容】
・キャバクラでも、サービスは「おさわりあり」が当たり前。
・「太田流」という言葉があるそうで、これは非合法の「本番」までのサービスを行うことだという。
・「マッサージ店」と看板を掲げていても、実際は風俗店のところもある。

【利用者】
・キャバクラは20代から35歳くらいまでの客が多い。本庄（埼玉県）、太田、前橋、高崎、伊勢崎、沼田などから来る。
・太田の風俗店には、お金に余裕がある人は来ない。年齢のわりに人生に疲れている人が来るようだ。
・出張で北海道から来た人もいた。太田がすごいという話を聞いて来たそうである。九州から来た人もいたそうである。

調査をして感じたのは、全般的に太田はサービス過剰というか過激なサービスが売りであることがうかがえた。飲みから風俗まで、一次会から三次会まで南一番街で済んでしまうという

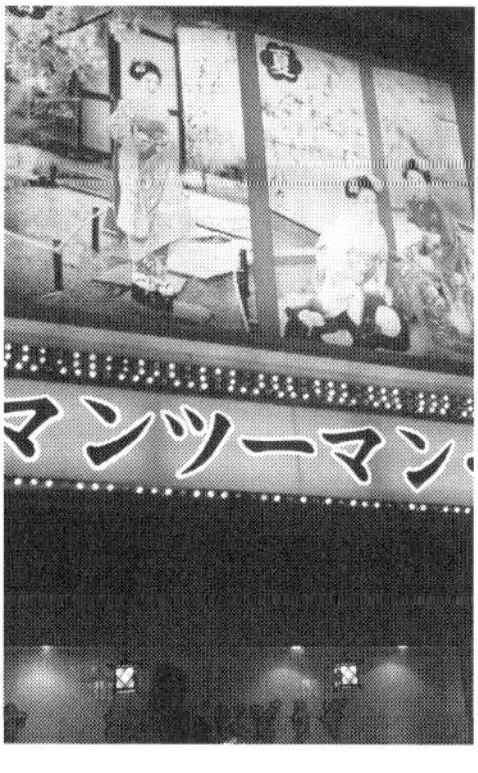

商店街を歩くサラリーマン集団（上）と、
ひときわ目立つイルミネーション

「ワンストップ・ショッピング」的な利便性も受けているようであった。

ファスト風土化の条件が揃った地域性

それでは一体、なぜこの太田市の中心市街地に、これほどまでに風俗店が集積したのであろうか。その整理をする前に、この南一番街が立地する太田市に関して、簡単に概要を紹介しておこう（図3参照）。

太田市は東京から北西86㎞ほどに位置し、東側は大泉町、邑楽町、栃木県足利市、西側は伊勢崎市、南側は埼玉県熊谷市、深谷市、北側は桐生市、みどり市と接している。市の南には利根川、北には渡良瀬川が流れており、市のほぼ中央に位置している金山とその周辺の丘陵地以外は、ほぼ平坦な土地である。

太田市は、明治時代までは人口1万人にも満たない小さな地方の町であったが、明治の終わり頃に浅草を起点とする東武鉄道が開通し、さらに大正時代に日本最初の民間飛行機工場「中島飛行場」が建設され、それから軍需産業都市として発展していった。戦後は航空機産業で培った技術を活かし、自動車、繊維産業が発展、製造品出荷額では群馬県随一の工業都市として今日に至っている。人口は21万人を擁し、高崎、前橋に次ぐ県内第三の都市である。

また、太田市は「郊外化」が全国レベルでも先駆けて展開してきた地域でもある。太田市の乗用車の世帯保有率は1・79で、群馬県の自家用乗用車世帯保有率1・69とは大差ないが、日本全国の平均1・10と比べると相当高い（国土交通省自動車交通局の自動車交通関係統計データ）。群馬県は多くの有力政治家を輩出した土地柄で、その政治力によるのか高規格の道路ネットワークが築き上げられていて、太田市周辺も同様である。さらに、太田市周辺では田んぼや畑が多いため、広大な駐車場を必要とするショッピングセンターが進出しやすい環境である。このように見てくると、太田市自体に、ファスト風土化が進む条件がいくつも揃っていることがわかる。

図3　関東地方の中の太田市

開発される前は湿地帯

さて、現在、風俗店に席巻された感のある南一番街商店街は、1969年に都市計画でつくられた。あるコンクリート会社が同じようなプレキャスト・コンクリート梁のファサードで店舗ビルをつくったために、あたかも西部劇の舞台のような商店街になってしまった。

開発される以前は湿地帯であった。高度成長の波に乗って駅の南口に防火設備をもった耐火建築物をつくることが計画され、それが実施されたのが南一番街商店街の始まりだ。

開発当時は、地方都市ではコンクリートの建物がまだ珍しかったこともあり、地元の商店の多くがテナントとして入居した。ビルができては華々しくオープンし、小学校も建設された。当初の店舗一覧を見ると、事務所や通常の小売り商店が多く、飲食店でさえ駅近くのそば屋しか見られないような状況であった。それが「北関東随一の歓楽街」へと変貌を遂げるとは、一体全体、誰が想像し得たであろうか。

二つの大型店が運命を変えた

南一番街の経営環境に大きな影響を与えたのが、1977(昭和52)年の駅前ビルへのユニーの進出計画であった(後の「ベルタウン」)。地元をよく知る関係者によると、当初は南一番街の多くの商店主がその計画に反対したそうだ。しかし、いつしか「いつまでも反対している わけにはいかないのではないか」という考えが一部の商店主たちの間に生まれていく。彼らはユニーと交渉を始め、ユニーの店舗はビルの半分とし、残りの半分には南一番街の一部の商店主たちが店舗を構える、という妥協案で手を打った。

しかし、その後、83年に、ベルタウンに出資したのと同じ商店工たちが、今度は太田市南部の郊外に「高林ショッピングセンター」を作った。わずか6年の間に、同じメンバーが参加する大型店が二つも作られたのである。

先の関係者によると、両方に出資した商店主たちの間には、「損はしたくない」という思いが強かったようだ。このため、新しく店を出した大型店に意識が集中し、相対的に南一番街の店舗からは気持ちが離れていった。さらに、彼ら商店主たちの子どもは、学校を出ると大型店内の店舗で働くようになり、南一番街の店舗のほうは後継者さえもがいなくなってしまった。

人がいなくなると、「崩壊」は早まるものだ。今から約10年前、切羽詰まった南一番街のある商店主が風俗店へ店舗を貸したところ、それをきっかけに堰《せき》を切ったように多くの商店主が店を閉め、同じく風俗店や飲食店へ店舗を貸し始めたという。なかには、飲食店として貸したつもりが1年後に風俗店に「変身」していたようなケースもあったというが、いずれにせよ先にも紹介したとおり、2003年ごろからさらに多くの風俗店が進出、冒頭に紹介した風景が現実のものになってしまったのである。

誰にも愛されなかった風土

商店街としての南一番街の衰退は、今後さらに加速すると思われる。先述したユニーが入る駅前ビルの大規模小売商業施設「ベルタウン」が、2007年に閉店となることが決まったからだ。

ベルタウンには、ユニーのほかに約50のテナントが入居していた。売り場面積は約1万5000㎡。最盛期の1992年2月期には約54億円を売り上げたが、後述するイオン太田ショッピングセンターが2003年に郊外にできてから急激に売り上げが減少し、06年2月期には22億円とピーク時の半分以下に落ち込んでしまっていた。開業当初は進出に反対があったユニーだが、その閉店は南一番街に致命的なラスト・ブローとなることが危惧される。

それにしても、南一番街のこの状態は、多くのわが国の中心市街地が抱える問題を浮き彫りにさせる。郊外化とモータリゼーションによる中心市街地の空洞化、後継者不足のため商店主が店を閉め、その店を賃貸に出す、つまり商店主が不動産業者に転換することによる商業活力の衰退などのマクロ的な側面はもちろんだが、よりその特徴を浮き彫りにするのは、ほとんどの人が南一番街のことを気にかけていない、愛着を持っていないという点である。

今一度強調するが、南一番街の多くの地主は今や商店主ではなく貸しビル業者である。商店主で、店舗と住宅が一緒になっている建物は十に満たないそうだ。土地の持ち主が南一番街に住んでいないので、商店街や駅前がどうなろうが気にならないのである。彼らにとって重要なことは、貸した店が毎月しっかりと家賃を支払ってくれることになってしまっている。

筆者の取材に対して、市役所の職員も「太田は経済的にはしっかりしているが、文化が育たない」と嘆いていたが、コミュニティが成立していないところで地域文化が育つわけがない。かつては南一番街でも中元セール、歳末セール、夏祭り、秋祭り、スタンプ事業など集客イベントを行っていたが、商店街の有力者が貸しビル業に専念するようになって、いつしかイベントは行われなくなってしまったそうだ。

また、不動産業者に「変身」する以前から、商店主たちには商店街を振興させていこうとする熱意が少なかった。先にも触れたが、ユニーができれば出店するし、郊外のショッピングセンターにも出資していた。そこには、南一番街をどうにかしようという気概は感じられない。

太田市自体も、戦争中は中島飛行場という軍事の生産拠点の役割を担わされ、戦後も一時は米軍が駐留するなど内発的な発展を遂げたわけではなく、常に外部の資本に依存してきた。南一番街も湿地を造成して、区画整理でつくりあげた即席のプレハブのようなコミュニティであった。そのような背景を有するために、中心市街地が「自分のふるさと」、「おらがまち」といった感情を共有する場になり得ず、風俗街化することにもあまり抵抗がなかったようにも分析できる。要するに誰にも、あまり愛されることがなかった風土だったのである。

無計画な郊外開発

南一番街の悲惨な現状は、わが国の都市計画上の二つの問題点をも浮き彫りにしている。一つは、農地を次々とショッピングセンターへと転化していったような無計画な郊外開発であり、もう一つは計画性のない計画的な市街地の開発である。太田市ではこの二重の失敗がまさに行われて、現在の悲惨な状況を生み出したのではないかと考えられる。

まず無計画な郊外開発だが、太田市が全国的にみても比較的早い時期から郊外化が進展していたことにはすでに触れた。その立地条件にひかれて、多くのロードサイドショップや大型ショッピングセンターが進出している。ユニーと太田高林ショッピングセンターにはすでに触れたが、その後も1995年にベイシアスーパーセンター尾島店、2000年には新田ショッピングセンター（ジョイフル本田）、カンケンプラザ（ミスターマックス太田東店）が進出するなど、まさに店舗開発が目白押しである（表1）。

とりわけ、03年に開店した「イオン太田ショッピングセンター」の存在は、群を抜いて大きい。敷地面積12万㎡、商業施設面積が6・2万㎡もあり、敷地内に東京ドームが3個近くは入ってしまう、北関東最大級のショッピングセンターである。駐車場は4200台分が確保され

表１　太田市内の大型小売店舗の開店時期と立地

年	店舗名
1976	家具のホンダ太田店⑩
1977	太田ショッピングセンター（ユニー太田店）④
1981	太田高林ショッピングセンター→ショッピングセンターラブ③
	トステムビバ藪塚店→ビバホーム藪塚店⑨
1995	ベイシアスーパーセンター尾島店⑪
1996	ベイシア藪塚店⑥　ニトリ太田店⑧
2000	新田ショッピングセンター（ジョイフル本田新田店）②
	カンケンフフザ（ミスターマックス太田東店）⑤
2003	イオン太田ショッピングセンター①
2004	エキスポデジタルセンター太田店⑦

出典:「全国大型小売店総覧」

北関東最大級のイオン太田ショッピングセンター。土、日曜日は家族連れの客でごった返す

ていて、テナント数は１５０。その中には太田市唯一のスターバックスコーヒーも含まれ、太田市の中心市街地ではなかなか見つけられないケーキ店が３軒並んでテナントを出していたりもする。主要なテナントとしては、ローラ アシュレイ、トミーヒルフィガー、無印良品、ザ・ボディショップなどが挙げられる。イオンのショッピングセンターは、中心市街地から約２㎞の距離にある国道１２２号に面して立地しているが、広域からの集客に成功しているようだ。

ファスト風土化する中心市街地

　このような郊外化に伴い、中心市街地は衰退している。しかし、改めて振り返ると、中心市街地であるとはいえ南一番街の開発の仕方は実は郊外のものと同等であった。

すなわち、農家が少しでも高く土地を売るために区画整理に協力する、しかし、開発された南一番街には土地の所有者が住まないため、その土地に誰も愛着を持たず、コミュニティも形成されない——三浦展氏が『「家族と郊外」の社会学』や『「家族」と「幸福」の戦後史』などで指摘したように、あたかも郊外の農地を開発した新しい住宅地がコミュニティ性を獲得することができずに、コミュニティというイメージを実態化させることができなかったように、地理的には中心市街地に位置づけられていても、南一番街にコミュニティが形成されることはなかったのである。

何のことはない。駅前で中心市街地であるということでその風俗化に強烈な違和感を覚えたが、調べてみれば太田市そのものが都心から郊外までファスト風土であったのである。それなら、家賃さえ払ってもらえれば、風俗店だろうが何だろうが、それほど気にならないのも当然のように思えてくる。

皮肉なことに、南一番街ができた当時は、計画的に作られたということで全国的にも有名になり、視察もたくさん来ていたそうである。計画をすることは重要であるが、この街をどうにかしたいという理念、そこで生活する人の息吹を計画に込めないと、中心市街地であっても、そこには郊外的なコミュニティ性が喪失されたファスト風土が形成されてしまうことを南一番街は示唆している。南一番街に不足していたものは、「この街の将来をこうしたい」というビジョンと愛情であったのだ。

「ただ物を買って帰るだけなら大型店でもよいが、商店街ではベンチで絵を描いたり、本を読んだりと、大型店にはない文化のようなものがあるといいと思います」。これは、南一番街の商店街の人の意見である。その通りである。中心市街地は、その街の生活文化の発露の場となり得る。そして、その街の人々にコミュニティ意識を醸成する精神的な中核になる空間となる可能性を有している。

しかし、そこを外部の資本による風俗店によって占拠されてしまっては、どうやって大型店にはない文化を創ることができるのであろうか。確かに大型店には風俗店は存在しない。しかし、それにはコミュニティ意識を醸成し、その地域に人々をつなぐような効果もまた、期待できないのである。

太田市南一番街の「風景」が将来の地方都市の商店街のあり方を示唆しているとしたら、この国の将来に不安を覚えざるを得ない。

(本論は、私のゼミ生〔三期生〕の今泉智裕君の卒業論文のための調査研究を下敷きにまとめたものである。ここに、今泉君の今までの努力を讃え、そのデータ提供に感謝の意を示す)

◇

日本でも珍しい駅前商店街の風俗化について、当事者はどう考えているのか。太田南一番街商店街振興組合の雨笠忠一理事長は、朝日新聞出版本部の取材に対して次のように語った。

「郊外に大規模ショッピングセンターが次々にできたことに消費構造の変化が加わって、私たちの商店街が衰退の方向をたどってきたことは事実です。そして、そのことが原因で、小売り物販店が減り、替わりに風俗店を含む飲食サービス店が増えて夜型の街に変貌したこともその通りです。以前は近くに警察署や消防署があったのですが、それが移転して気持ちの問題として風俗店を出しやすくなったことも影響しているのでしょう。

しかし、風俗店を含む飲食サービス店が人を集めていることも確かで、週末の夜のにぎわいは、それはそれでありがたいことです。また、夜のネオンも、私はきれいだと思います。風俗店については少しは数を減らしたほうがいいとも思いますが、今後は周囲と調和のとれた健全な大人の街をめざしたいと考えています」

日本への本格進出はあるのか

第 4 章

嫌われるウォルマート

服部圭郎

秋田で遭遇した巨大店舗

２００６年の夏休み、世界遺産に登録されている東北の白神山地を旅行した。その帰りに、秋田県北東部にある大館市に立ち寄った。

大館市は人口8万人ほどの小さな都市である。国道7号を東に走って行くと、右側に巨大なドームが見えてくる。木造ドームとしては世界最大級として知られる「大館樹海ドーム」だ。

筆者は建築に関心があるので、「ついでに、ちょっと見ておこう」と、車を市街地から郊外へと向けた。すると、大館ドームに行き着く前に、ドーンと巨大なショッピングセンターに遭遇した。

「イオン」のロゴがついているが、通常のイオンショッピングセンターやジャスコとは、どうも趣《おもむき》が違う。平屋建てでのっぺりとしていて、何より駐車場がバカでかい。筆者は三浦展氏と共に日本のファスト風土化を嘆いている一人でもあるので、思わず引き寄せられるように入ってしまった。

店舗に入ると、まず天井の高さと奥行きの広さに圧倒される。地方都市とはいえ、このような平面的に巨大な商業施設をつくれるほど地価が安くなっているという事実に驚く。広くてまっすぐに延びる通路や天井高を含めた店舗レイアウト、レジを集中させた配置。どこかで見たことがある……。「既視感」を感じていたが、「イオンスーパーセンター」という名称を聞いて合点がいった。

そう、それは、世界最大の小売業であるアメリカ・ウォルマートが展開している「スーパーセンター」と、名前も店の作り方もそっくりなのであった。

ウォルマートとそっくり

旅行を終えてから早速調べてみると、大館市にこの「イオンスーパーセンター」が開店したのは2006年3月21日のことであった。敷地面積は6万7510㎡、24時間営業で年中無休、駐車場も1300台分収容できる巨大さである（ちなみに、イオンスーパーセンターではこれは決して規模的には最大ではない。青森県十和田市の「イオンスーパーセンター十和田店」の敷地面積は10万㎡を超えている）。

大館市には、同じくイオンの総合スーパーであるジャスコが大館駅近くにあった。しかし、ジャスコのほうは06年8月に閉店となった。これだけ巨大なスーパーセンターを作ったのだから、共存できないことはイオン・グループとしては当然理解していたことであろう。

「スーパーセンター」はイオンのホームページでは次のように紹介されている。

「地元に密着した暮らしの品々をはじめプロユースの商品まで、幅広い品揃（18万アイテム）

大館市内のイオンスーパーセンター。とにかくだだっ広い

をワンフロアに展開する新業態です。ワンレジの採用、ゾーンによるフロア構成など、お買い物しやすい快適なショッピング環境を提供しワンストップショッピングを追及。さらにレベルの高いエブリデー・ロープライスを目指したローコスト経営を徹底しています」(1)

ここから読みとれるのは、空間配置やデザインだけでなく、そもそものコンセプトもウォルマートのスーパーセンターと同じであるということだ。「エブリデイ・ロープライス」は、ウォルマートのキャッチコピーそのままであるし、ローコスト経営はまさにウォルマートの経営の真髄である。

イオンのスーパーセンターは、外観こそ違ってはいても中身はウォルマートそのものだった。

アメリカのウォルマートのスーパーセンター。そっくりだ

市場経済が生み出した「怪物」

ここでウォルマートのすさまじさを、改めて列挙してみよう。

商品別で見ると、DVDや雑誌、本、CD、ドッグフード、おむつ、自転車、歯磨き粉……などを世界で最も多く売っているのがウォルマートだ。その売上高は、ウォルマートのホームページによると、2005年で2850億ドルとスウェーデンやアイルランドのGDPより多く、本国アメリカのGDPの2％に匹敵する。アメリカで最大の雇用者であり、07年にはアメリカ中の35の食料品をコントロールすると予測されてもいる（図1参照）。

まさに、市場経済が生み出した巨大な怪物といっていい。

製造者側が独占的な支配を及ぼして価格を決定する状況を「モノポリー」というが、ウォルマートはこの逆、すなわち消費者側が市場価格を決定する支配権を持つ「モノプソニー(2)」状態をつくり出している。ウォルマートと取引をするにせよしないにせよ、その経済的な影響力を被らないものはアメリカではいないとさえ言われている。

ただし、後で詳述するが、ウォルマートが成功したのは、自社の従業員の給与を低く抑えて競争力を高める経営方針を採ったからであった。これは結果として、アメリカの小売業界全体の給料を大きく下げ、流れについていけない同業者を容赦なく淘汰した。また、ウォルマートは、中国をはじめとした人件費が安い国から多くの商品を輸入しているから、アメリカの製造業にも大きなダメージを与えたことになる。

今やアメリカの流通業界では、新たに成功するにはウォルマートが不得手なニッチ(すき間市場)で勝負するしか道はないと言われている。反対にウォルマートが進出したほとんどの都市では、中心市街地の店舗は潰され、ゴーストタウンのような状況になってしまっているところが多い。ウォルマートの猛威に対抗するために自治体ができることは、店舗を郊外ではなく都心に立地するように調整することぐらいだが、それすら成功例はわずかしかない。

ウォルマートは、アメリカでの成功を礎として地球規模での店舗展開を進めている。現在は14カ国に進出し、主なところではメキシコに815店、イギリス322店、ブラジル293店

図1　ウォルマートはこんなにビッグ！

●売上高は右肩上がり

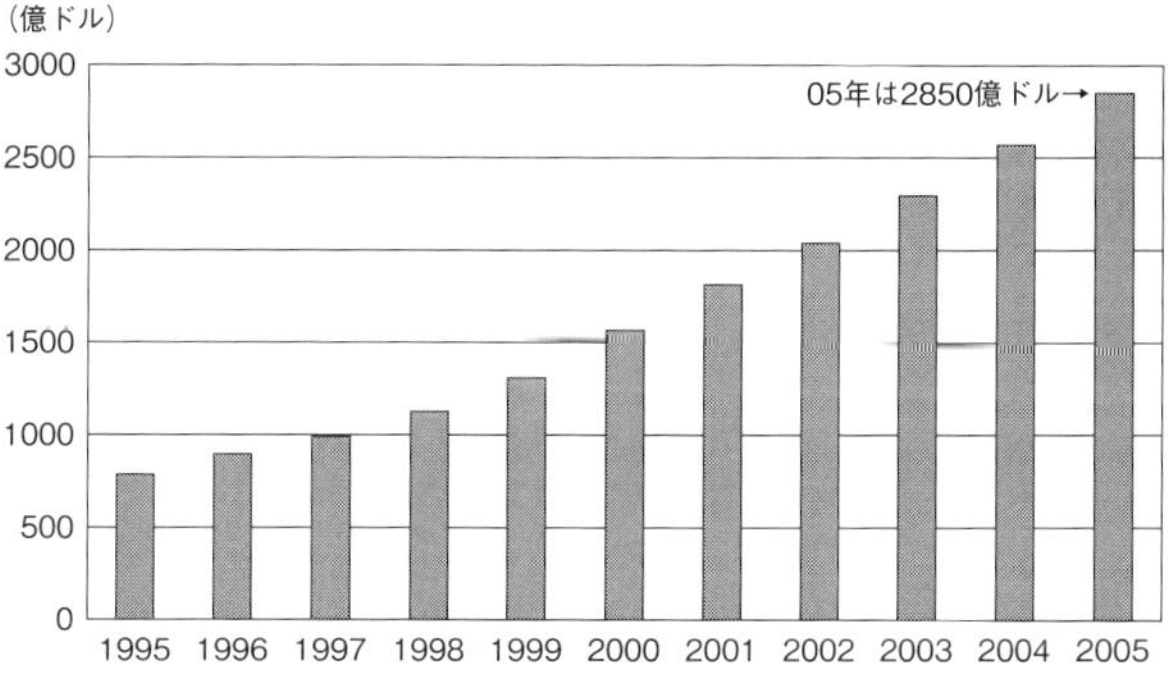

●全米で3918店舗を展開、従業員は120万人（2006年7月現在）

・従来型1146店、「スーパーセンター」（生鮮品も販売）2098店、会員制「サムスクラブ」567店、小規模スーパー「ネイバーフードマーケット」107店
・アメリカ人の半分がウォルマートから8km以内に居住

●一週間の買い物客は１億人

●世界14カ国に進出、日本では西友の経営権を取得
・メキシコ815店、イギリス322店、ブラジル293店……（2006年8月現在）
・2002年５月、西友に資本参加、同年12月には経営権も取得

●元祖「エブリデイ・ロープライス」
・圧倒的な低価格を武器にライバルを蹴落とし、1990年に全米小売店ナンバーワンに

●巨大データベースを構築
・1960年代にいち早く自前の情報システムを構築、今やデータベースの規模はアメリカ国防総省（ペンタゴン）に次ぐ

（いずれも06年8月時点）……といった具合だ。

「ウォルマートもどき」の将来

日本とて例外ではない。今世紀に入ってからウォルマートという「黒船」がいつ日本に上陸するか、流通関係者のみならず多くの人々が戦々恐々として事態を見つめていた。

事実、ウォルマートは2002年5月、西友に資本参加し、同年12月には経営権も取得して、日本に本格進出する姿勢を見せた。しかし、その後の動きを見ていると、本格攻勢の動きは鈍くなっているように見える。04年4月に沼津にスーパーセンターの実験店を開業したものの、「エブリデイ・ロープライス」のキャッチフレーズは掲げていない。外国から進出した流通業者の多くが直面したように、ウォルマートも「どうも日本の市場は勝手が違う」と戸惑っているのかもしれない。

こうした状況を捉えて「ウォルマートは怖くない」的な本も出版されているが、イオンのスーパーセンターのようなものがすでに立地していることから、ウォルマートが本格進出するかどうかは、もはや日本にとって本質的な問題ではなくなっている。ウォルマートの動きにかかわらず、既に「ウォルマート的なるもの」が次々に地方に出来上がっているからだ。

東北地方にイオングループがどれだけ進出しているのかを調べてみた（図2）。県ごとの分

図2　東北地方の「イオン」店舗

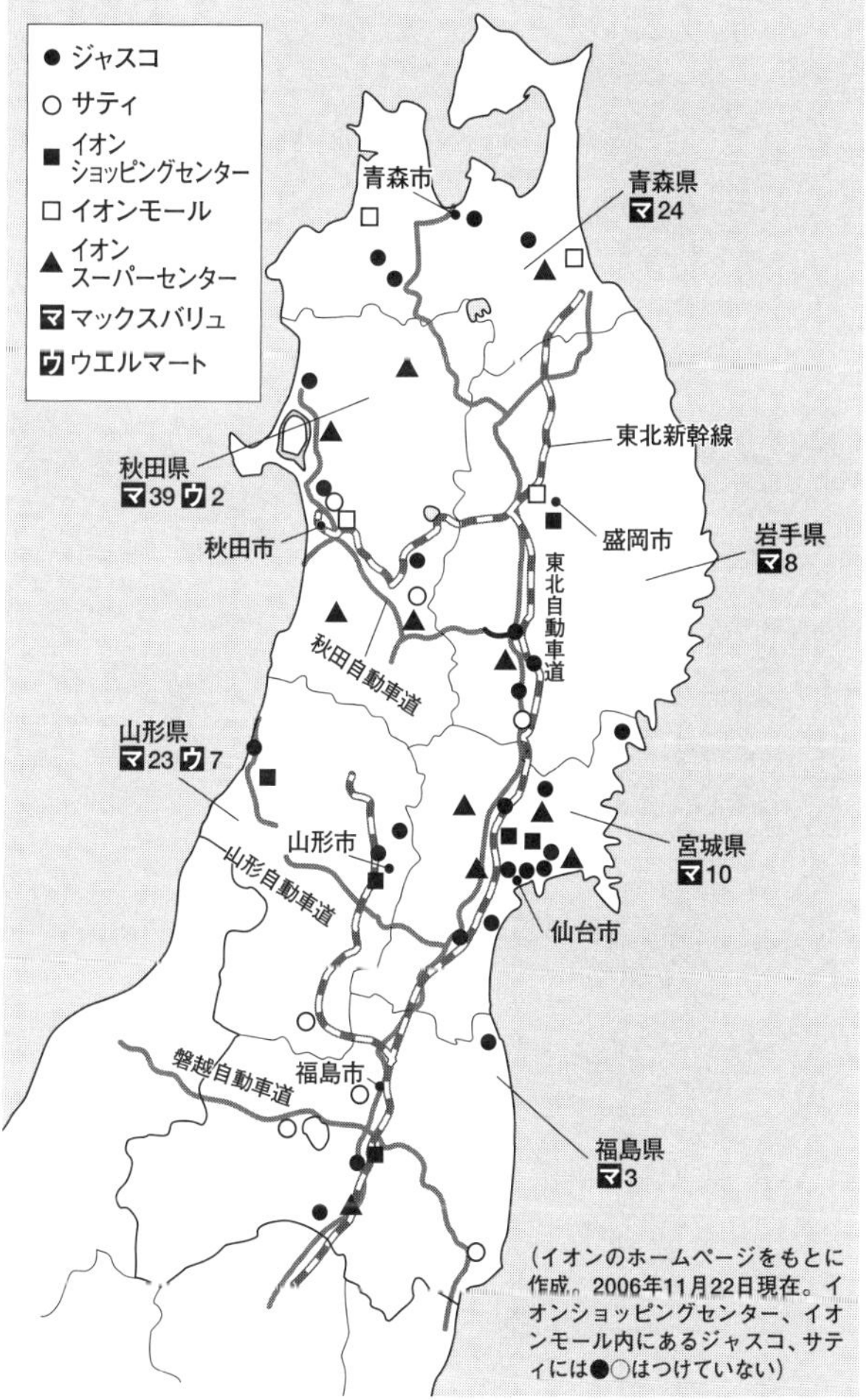

（イオンのホームページをもとに作成。2006年11月22日現在。イオンショッピングセンター、イオンモール内にあるジャスコ、サティには●○はつけていない）

布は地図を見ていただくことにして、06年11月現在で東北6県にはジャスコが25店（ショッピングセンターとモールに出店しているものは除いた）、サティが7店（同）、そして「ウォルマート」のスーパーセンターにそっくりのイオンスーパーセンターが11店立地している。また、ショッピングモールであるイオンショッピングセンターは6カ所、イオンモールは4カ所に進出している。このほか、食料品スーパーの「マックスバリュ」が青森、秋田、山形に集中出店しているのも目を引く。

事業が始まったばかりのスーパーセンターの数はまだ少ないが、仮に日本の津々浦々にイオンのスーパーセンターが進出すればどうなるのであろうか。その名前や店づくりがウォルマートと同じであることが示すように、ウォルマートのスーパーセンターがアメリカの地方を変えたのと同じ現象が日本の地方を襲う可能性がある。その結果、わが国の地方は大きな影響を受けることになるかもしれない。

そのような状況を踏まえると、アメリカにおけるウォルマートの影響を対岸の火事とするのではなく、それがアメリカにもたらした影響、インパクトを整理しておくことがぜひとも必要になると考えられる。

創業者サム・ウォルトン

ウォルマートの創業者サム・ウォルトンは、1918年、オクラホマ州生まれで、学生時代は「文武両道」でならした。高校ではアメリカン・フットボールのチームに所属して、クォーターバックとしてチームを州のチャンピオンに導く一方、学業にも秀で、生徒会長も務める「スーパー高校生」だった。

ミズーリ大学を優秀な成績で卒業して小売業のJCペニーに勤めるが、兵役でいったん戦争に赴いた。帰国後、アーカンソー州のチェーン・ストアの店長となり、そこで経営の才が花開く。大量仕入れなどによる大幅値引きと長時間営業を実践し、六つの州に跨《また》がっていたチェーン・ストアの売り上げと利益をのばし、トップの成績を取る。

その後、若干の紆余曲折を経て、62年にアーカンソー州の片田舎ロジャースでディスカウントストア「ウォルマート1号店」を開業する。ウォルトン、44歳の時であった。

質素な経営者、愛車はフォード・ピックアップ

ウォルトンの経営哲学は、当初から「徹底したコストダウン」にあった。人件費も含めた店舗運営コスト、メーカーの利幅、仲介業者の手数料などコストダウンの対象となるものにはあらゆるものに手をつけ、そこで得た原資をすべて商品の値下げにつぎこんだ。この「値下げ戦略」こそが売り上げを伸ばす原動力で、ウォルマートは次々と出店数を増やしていった(3)。

ウォルトンの信条でもあったのだろうか。初期のウォルマートは、次のようなプロテスタント的な労働倫理をその経営理念に内包していた。

「朝早く起き、売り上げを頻繁に確認し、不必要なものに金をかけず、ライバルの長所を常にチェックし、翌朝、彼らよりも早く仕事を開始する(4)」

ウォルトン自身、早い時には早朝の3時頃から仕事を始め、また土曜日も店員が働いているのに経営者が休む訳にはいかない、と妻のヘレンの猛反対にも負けず出勤するという猛烈なワーカホリックであった(5)。

ウォルトンは現在でこそ、ウォルマートの生みの親として一部ではヒットラー級の悪人のように評されているが、実際は小売業を愛し、質素倹約を社是とする純粋な商人であったと思われる。そういう姿をうかがわせるエピソードには事欠かない。

たとえば初期のウォルマートは、2店目はアーカンソー州の人口1万2000人程度のハリソンに、3店目は同州の人口4万強のスプリングデールに、といったふうに、これまで大規模なショッピングセンターの立地が検討されたことのないような地方の田舎町ばかりを選んで店舗を出していった。

現在は「後づけ」で、このアプローチを「競合を避けた極めて賢明な戦略」などとほめる向きもあるが、実際はウォルトンの妻、ヘレンが結婚当時、「人口1万人以上の町には住まな

アメリカ・ウォルマートの流通センター。トラックごとセンター内につっこんで、荷物作業ができるように効率化されている（ニューメキシコ州）

い」と夫に宣言していたことが影響していたようだ。事実、その後もウォルトン夫妻は、アーカンソー州の小さな町ベントンビルに居を構え、そこから各店舗に指示をとばすようになる。

また、ウォルマートが成長を遂げた結果、ウォルトンは世界で一番のお金持ちとして『フォーブズ』誌で取り上げられたことがあったが、そのとき、彼の愛車は農作業に従事する人たちが愛用するフォード・ピックアップだった。

情報システムの構築で急成長

ウォルマートは開業当初から順調に業績を伸ばしてはいたが、圧倒的な競争力を持つようになったのは、自前で物流管理の情報システムを構築したことがきっかけだった。

開業4年目、店舗数が20ほどになった1966年、ウォルトンは物流システムと在庫管理データベースをいち早く自社で構築した。このシステム導入によって、サム・ウォルトンの経営理念、すなわち「徹底的に安く仕入れる。その商品を安く大量に、しかもできるだけ少数の従業員で販売する。在庫は極力、少なくする」ことを、より徹底して具体化することが可能となった。

すなわち、店舗、バイヤー、ベンダーが携帯端末でつながり、情報を共有し協働するシステムを確立したのである。その結果、在庫管理が徹底され、品切れで欠品を起こすことがなくなった。また、ベントンビルの本社ですべての店舗の売り上げ状況を即座にチェックすることができるようになったため、トップからの指示も迅速に行えるようになった。

このシステム導入が跳躍板となって、72年にはニューヨーク証券取引所に上場する。その後もウォルマートの情報システムは進化を続け、現在、同社のデータベースは米国防総省のものを除けば世界最大の容量を誇るといわれている。

スーパーセンターの後にはぺんぺん草も生えない

1990年には全米ナンバーワンの小売店になり、ウォルトンはそれを見届けて92年に他界したが、ウォルマートが本格的にアメリカの小売形態や人々の消費行動、そしてランドスケープ（景観）に大きな影響を及ぼしていくのは、90年代に入ってからである。

特に、その地元の経済やランドスケープへの影響力が甚大なものとなったのは88年にスーパーセンターという新業態を生み出してからだった。本章の冒頭で触れたイオンのスーパーセンターが模倣したと思われる業態である。

興味深いのは、「スーパーセンター誕生」について、ウォルマートに深い戦略があったわけではなかったことだ。それまでもウォルマートは、ちょくちょく儲かりそうなビジネスに手を出していた。自動車修理サービスやドラッグストアなどがそれで、実験的にいろいろと試行し、うまくいけば拡大し、利益が出なければ撤退する、その繰り返しだった。

スーパーセンターも、実はそうした事業の一つだった。従来のウォルマートは生鮮食品などスーパーマーケットで売られるものは取り扱わなかったが、スーパーセンターでは真正面から生鮮食品、乳製品を販売することにした。商品を増やしたぶん床面積を広げ、平均約1万7650㎡と、それまでのウォルマートの2倍以上の広さにした。

結果的に、これが大ヒットとなった。従来のディスカウントストアの部分と、新たに加わったスーパーマーケットの部分が相乗的な効果を発揮して、爆発的に集客が伸びたのである。

半面、地域経済にとっては、負の相乗効果が働いた。従来のウォルマートも出店すると地元経済に大きな影響を与え、多くの既存商店を倒産に追い込んだが、それでもまだ生鮮品を売る地元のスーパーマーケットは生き残ることができた。ところが、スーパーセンターになると、それすらも生き残れなくなる。つまり、スーパーセンターがやって来た地域の中心市街地は、個人商店からスーパーマーケットまで、まさにぺんぺん草も生えないほど略奪されてしまう。

一週間の買物客は1億人

前述したように、それほど戦略的ではなかったのかもしれないが、その後のスーパーセンターの成長ぶりは、すさまじいの一言に尽きる。

ウォルマートは、全米で3918店（2006年7月末）を運営しているが、実にその50％強の2098店をスーパーセンターが占めている。しかも、今後も毎年275店舗のペースでスーパーセンターを出店していく予定なので、アメリカじゅうがスーパーセンターだらけになる日もそう遠くはなさそうだ（ちなみに、他の店舗は従来型のウォルマートが1146店、会員制のディスカウントストアである「サムスクラブ」567店、そして大都市の小規模スーパー、「ネイバーフッドマーケット」107店である）。

スーパーセンターの売上高は1240億ドルに上っており、アメリカ人の生活に対して大きな影響力を持ち始めている。04年には、食料日用品の売り上げで全米トップの全国シェア16％

を占め、都市によっては25％から30％の高いシェアになっているところもある。

スーパーセンターの急成長も手伝って、ウォルマートはアメリカの全米50州すべてで店舗を構えている。もちろん、店舗密度は州によって随分と差があり、「人口当たりのウォルマート店舗数」が最も多いウォルマート発祥の地アーカンソー州では約3万人に1店であるが、最も少ないニュージャージー州では約20万人に1店しか進出できていない。このように地域的に濃淡はあるにせよ、今やアメリカ人の半分がウォルマートから「8㎞以内」に住み、一週間で1億人もの人々がウォルマートにやってくる。

ウォルマート全体の05年の売り上げは2850億ドルにも上っている。全米第2位の小売業者はホーム・デポだが、ウォルマートの売り上げはホーム・デポの4倍もある。また、3位以下のライバルであるターゲット、シアーズ、Kマート、JCペニー、セーフウェイ、クローガーを合わせたものよりも多く、全米の小売り売上高の8％（自動車を除く）をウォルマートが占めている(6)。

五つの悪影響

ウォルマートはアメリカを大きく変化させたと指摘されるが、その変化は大きくまとめると次の5点に集約される。

①商品価格の低下→ウォルマートが新しい地域に進出すると、その地域の消費者に低価格商品が供給されるため、対抗上、他の地元小売店も値下げせざるを得なくなる。

②地元商店をはじめとした周辺小売業の淘汰→ウォルマートが進出すると、周辺の小売業の多くは経営が苦しくなって倒産するなど淘汰が進む。

③仕入れ先の経営の悪化→仕入れ先への値引き圧力が絶え間なく続くため、仕入れ業者の経営も悪化する（場合によっては倒産もありうる）。

④賃金の低下→ウォルマートの従業員だけでなく、ウォルマートと競合する小売店、卸売店の従業員も含め、地域全体の労働者の賃金が低下する。

⑤ファスト風土化の促進→ウォルマートの店舗や他のビッグボックス・リテイルが続々と出店するため、その土地の地域性が喪失されてしまう。

以下、これらを整理する。

①に関しては、言うまでもあるまい。ウォルマートの最大のセールスポイントは「安さ」であり、そのセールス・コピーは「エブリデイ・ロープライス（毎日が低価格）」である。平均すると他店に比較して約15％は安いと指摘されていて⑺、そうなると他店も競合上、値下げせ

ざるを得ない。従ってウォルマートが店舗数を増やすと、アメリカの消費者はたとえウォルマートで買わなくても、安くモノが手に入れられるようになる。

ミズーリ大学の経済学部のエメク・バスカー助教授は、ウォルマートが出店すると短期的に1・5%から3%、そして長期的には商品によっては7%から13%価格が下がるという研究成果を発表している(8)。またウォルマートは、インフレーションを15%ほど下げる効果があるとの指摘もされている(9)。

次に、②である。これはウォルマートに特定される訳ではなく、他のビッグボックス・リテイルが進出しても似たような効果があるが、ウォルマートの低価格攻撃は想像以上の大きなダメージを地元商店街に与える。

例えば、アイオワ州立大学の元教授であったケネス・ストーン氏の研究では、1983年から93年の間に、アイオワ州ではウォルマートが0から45店まで増えた。その間、州内の小売り売上高が6%増加しているのにもかかわらず、専門店の14%が倒産し、アパレル関係は18%が倒産した。同教授の研究によれば、ウォルマートから32km圏内にあるアイオワ州の45の小さな町では、ウォルマートが開業してから3年もしないうちに売り上げが13%も減り、それ以外の地域に比べて倍以上の減少を記録したとしている(10)。

一つのスーパーセンターが開業すると、平均して地域の二つの食料雑貨店が倒産すると指摘されている。93年から2003年の10年間に全米で29の小売ナショナル・チェーンが倒産したが、そのうちの25が倒産の理由にウォルマートの存在を挙げている(11)。

③に関しては、実証研究がなされていないが、いくつかの企業への取材記事を見ると、ウォルマートから価格引き下げのプレッシャーを受け、多くの企業が生産拠点を中国に移したり、廃業したりするなど追い込まれている実態がうかがえる(チャールス・フィッシュマンの著書『The Wal-Mart Effect』では、多くの従業員を解雇したスプリンクラー製造会社の元社員たちの詳細な取材記事が掲載されている)。

土地とエネルギーの浪費

④の賃金に関しては、2004年におけるウォルマートの正社員の給料は時間9ドル64セント。正社員の勤務時間は一週間で32時間なので、平均的な正社員の年収はおよそ1万8000ドルになる。これは、4人家族であれば、貧困ラインより1000ドルも低い金額である。

ペンシルベニア州立大学経済学部のゴーエッツ教授は、ウォルマートと貧困との関係性を研究した。そして、1989年から99年の10年間で、ウォルマートが89年以前から存在している郡(county)と存在していない郡を比較した場合、前者は貧困率が13％から11％に低下し、後者は13％から10・7％へと変化したと指摘している。わずかながらではあるが、ウォルマートが存在した地域の方が貧困率の低下が少ない。この違いは誤差の範囲であるとも捉えられるが、「ウォルマート以外の理由は考えられない」とゴーエッツ教授は言及している(12)。

問題を複雑にしているのは、これはウォルマートが特別にお金をけちっている訳ではないということだ。04年のウォルマートの総利益を全従業員で割ると、一人当たりわずか6400ドルにしかならない。これは、マイクロソフトの一人当たり利益20万ドルの30分の1以下である(13)。文字通りの薄利多売のビジネスを展開しており、それゆえの低賃金なのである。

最後に⑤の「ファスト風土化」だが、ショッピングをはじめとしてアメリカ人の生活の拠点は一貫して郊外へと移行し続けている。60年から90年までで、大都市圏の開発された面積は2倍以上になっているにもかかわらず、人口増加率は1・5倍にも満たない。このような郊外への人口移動をウォルマートをはじめとしたビッグボックス・リテイルが促進させ、郊外への人口定着化に貢献してきた。その結果、どこに行っても、同じ店、同じ景観が現れ、地域性が失われてしまった。

この現象はいくつかの問題を生じさせるが、特に問題となるのは土地の浪費と、自動車でしかアクセスできないためにエネルギーを非効率的に消費することである。

土地の浪費とは、大規模な床面積を非効率的に使うために無駄が多いということだ。先にも述べたが、ウォルマートのスーパーセンターの床面積の平均は1万7650㎡、その周りに広大な駐車場を設けるため、一店で約8万㎡程度の土地を必要とする。アメリカは広大な土地があるから問題ないではないかと思われるかもしれないが、最近のアメリカでは貴重な自然資源がスプロール開発で失われていくことにセンシティブになっている。これは、クリントン政権の副大統領であったアル・ゴアがスマート・グロース政策（賢い成長。スプロール開発をしないで、より土地を有効に活用した都市発展を望ましいと考える政策）を提案した背景からも理解できると思われる。

また、都心から離れた郊外に立地するため、そこへ行くには必然的に自動車が必要になる。当然、ガソリンが消費され、排気ガスで大気が汚染される。典型的なスーパーセンターでは一日当たり7000台から1万台の自動車の交通需要が生じるというから、問題は小さくない(14)。

嫌われるウォルマート

多大なる影響を社会にもたらしているウォルマートであるが、それゆえに近年、多方面からの批判にさらされてもいる。

ウォルマートが一年間で訴訟を起こされる数は5000件(15)。まともな企業が訴えられる件数ではない。反発が大きいのは、地元住民と地域の企業の労働組合である。先に述べたように、ウォルマートの従業員の給料の低さが地域全体に波及することなどに異議を申し立てている。また、『フォーチュン』誌の「尊敬すべき企業」のアンケート調査では、2003年、04年と首位だったのが、05年には4位に下がり、06年には12位にまで転落してしまった。

ウォルマートへ宣戦布告するジャーナリストや一市民も増えている。なかでも強烈なのは、テキサス州のジャーナリストであり、『ウォルマートがアメリカをそして世界を破壊する』を著したビル・クィンだ。この本によれば、ウォルマートが進出すると、家族経営の店が潰され、街は雇用の場を失い、不動産税の税収が減り、地元の新聞は広告料が減り、ウォルマートのスーパーセンターの売り上げはウォルマートの地元アーカンソー州にいってしまい地元には残らない……などなど、踏んだり蹴ったりの状況になることが詳細につづられている。

また、ウォルマート進出に「ノー」を表明する自治体も増えている。

先頭を切ったのは、マサチューセッツ州グリーンフィールド。この人口2万人に満たないニューイングランド地方の田舎町は1993年10月、住民投票で町にウォルマートが進出することを拒絶した。当時はまだ、ウォルマートの恐ろしさがそれほど一般的に知られていなかったが、この町が反対した理由は「既存の商店などを廃業に追い込み、利益を（ウォルマートの本社のある）アーカンソー州に流出させてしまう」(16)ことからだった。

町で運動を指導したのは、アル・ノーマンというジャーナリストであった。彼は最初はウォルマートの進出にさしたる問題意識を持っていなかったのだが、進出計画の発表を契機にいろいろと調べた結果、それが町にとってろくでもないことをもたらすことに気づいたのであった。グリーンフィールドでの進出阻止の成功をきっかけに、これ以降、彼は「スプロール・バスターズ」というウォルマートなどのビッグボックス・リテイルの進出を撤退させたい自治体や住民に対してのコンサルティング・サービスを行っている。

以後、ウォルマートへの危機意識が高まったこともあり、06年2月時点でニューヨーク州のレーク・プラシッドやバーモント州のセント・アルバンスなど実に274もの自治体が、「ある時点」でビッグボックス・リテイル進出を阻止することに成功している（その後、結果的にビッグボックス・リテイルが進出してしまった自治体もある）。アメリカのようにファスト風土化が進んでいる国でも、けっこうの数の自治体がビッグボックス・リテイルを嫌っているのである。

ビッグボックス・リテイルが嫌われるのは、「安い下着より、小さな町の生活の質の方が重要」ということに凝縮されている。「小さな町の生活の質」はダウンタウンにさまざまな商店やレストランなどがあることによって実現するが、筆者が三浦氏とアメリカのファスト風土を観てまわった時も、ウォルマートのスーパーストアが進出したところでは、ほとんどダウンタウンは衰退し、死んだようになっていた。

ニューメキシコ州のベロンでも、カリフォルニア州のサクラメントの郊外でも、コロラド州のコロラドスプリングスでも、ウォルマートなどのビッグボックス・リテイルが進出した後は、ダウンタウンどころか古いショッピングセンターまでもが潰されてしまっていた。

「町に商店も何もなく、ウォルマートしか買物をする場所がないと、住民と知り合う機会もなくなって生活の質が悪化する。それにウォルマートはダウンタウンの商店に比べても価格は10%も安くない」とは、アル・ノーマンのメル友となったウォルマートの元店員、エリックの意見である(17)。

「生活の質」か「安いパンツ」か。しかし、その安いパンツが今までのダウンタウンの洋服屋よりわずか10%しか安くないのであれば、その町が支払った代償は余りにも大きいのではないだろうか。

住民サイドだけではない。ウォルマートに商品を卸すことが企業のブランドイメージに大きなダメージを与えるケースも出てきている。例えばジーンズのリーバイス。長年、ウォルマートと取引していなかったのだが、03年から商品を提供することになった。ただし、ウォルマートの値下げ圧力に屈して、ウォルマート用にかつてない「粗悪品」を製造せざるを得なかった。その結果、150年間かけて築き上げてきたブランドイメージを著しく損なったことが報告されている(18)。

アメリカの「教訓」を活かすために

以上、ウォルマートがアメリカにおいてどのような状況にあるかを概観した。ウォルマートの功罪を現地視察や現地取材の結果を踏まえて考察すると、短期的には勝利を収めたのはウォルマートと消費者、負けたのは地元小売店、ウォルマートに卸している製造業者、そして従業員といった単純な図式が描けるかもしれない。

しかし、本当の敗者は、地元小売店だけでなく消費者をも含めた地域文化、地域アイデンティティ、そして地域コミュニティである。「安かろう悪かろう」の商品に囲まれた結果、比較購買もせずにチープな消費主義によって、多くの消費者が値段以外に批判的な評価の視座を持てなくなってしまっている。

一方、巨大化したウォルマートは、売り上げの増加率が1998年には9％あったのが、2002年には5％、04年は3・3％に鈍化するなど成長率が小さくなってきている。その結果、成長に伴って得られた利潤（特に株価の上昇）を従業員や仕入れ先に還元することができなくなってきている。そして、ひたすら成長拡大していた時にはあまり目立たなかった綻びが、だんだんと目につくようになってきている。ウォルマートの「成長神話」にも陰りが見え始めているようだ。

佐賀県のある都市のシャッター商店街（上）。昼間でも暗い。一方、同じ佐賀県内の郊外では、新たな大型店舗の建設が進んでいた

はたしてウォルマートは、これから日本で出店攻勢をかけるだろうか。07年にウォルマートは西友への出資比率をさらに高めるか否かを決断しなくてはならないが、06年にドイツから撤退した流れを考えると、今後の動向は不透明ではある。

しかし、冒頭でも言及したように、ウォルマートが進出しなければ地方経済や地方のライフスタイル、産業構造に影響はないのかというと、そういうことにはならない。イオンを筆頭に、「ウォルマートもどき」が新たな業態の店舗を進出させてきているからだ。ちなみにイオンスーパーセンターは06年11月中旬時点で、北海道に3、青森県に1、岩手県に1、秋田県に4、宮城県に4、福島県に1、栃木県に2、奈良県に1、佐賀県に1、合計18ある。これらが増加していくと、ウォルマート効果ならぬ「イオン効果」が顕在化していくと考えられる。

もちろん、イオンはウォルマートと同じではない。まず規模が違う。イオンの連結売上高は4・4兆円しかない。対するウォルマートの売上高は31・3兆円（1ドル＝110円として計算）、実に7倍強だ。従業員もイオンが7万1000人であるのに対して、ウォルマートのホームページによると全世界で約153万人とケタ違いである。さらに、ウォルマートは従業員からも搾取するが、イオンはその地域でも最高レベルの賃金を従業員に払うなど地域経済に寄与するという点では、はるかにウォルマートよりはましであろう。

三浦氏とのアメリカ取材では、客観的な視点からのウォルマート、そしてビッグボックス・

リテイルへの批判を聞くことができた。コロラドのボルダーでは、05年からボルダーの周縁部にウォルマートをはじめとしたビッグボックス・リテイルが進出することによる経済効果、環境へのインパクト、住民のニーズ調査などを行って総合的に判断した結果、少なくとも現時点ではビッグボックス・リテイルをボルダー市に立地させることはメリットよりデメリットのほうが多いという結論に至った。

カリフォルニアのモデストでは、共和党員である元市長であるキャロル・ホワイトリイド氏が、ウォルマートやビッグボックス・リテイルの問題は、立地した地域の同質性と匿名性を高くすることであると指摘した。その結果、人々は地域とのコネクションを喪失し、無責任になり、犯罪が増えていく。したがって、本来はビジネス寄りの政策を推す共和党員ではあるが、地域を悪い方向へ導くビッグボックス・リテイルには真っ向から反対しているのである。

このように、アメリカ合衆国では多くの自治体がウォルマート的なるものの問題を指摘しており、それは単に「ウォルマート対地元商店街」といった構図とは大きく異なって捉えられているのである。

しかし、わが国においても郊外において大規模な商業施設を立地させたこと、「エブリデイ・ロープライス」を掲げた低価格戦略を展開させたことという共通点がもたらす影響は、アメリカが経験したことと類似したものになると推測される。

もう一度整理すると、それは①低価格で商品を市場に提供することを可能にし、②消費行動を画一化し、③スーパーセンターの市場占有率をさらに高め、④中心市街地の商業は商店レベルでなく、大規模小売店レベルさえもが多くは廃業に追い込まれ、⑤都市は衰退し、そして商業を中心とした多くの既存産業が縮小し、⑥スーパーセンターが空間的にも経済的にも中心になって都市が再編成される——こういう道筋をたどるだろう。

そして、アメリカがそうであったように、地方のアイデンティティや地域性は希薄化し、地域産業が衰退していく。地方は、消費のランドスケープに支配されるといったファスト風土現象がさらに加速化されるという危険にさらされているのである。

【注】

（1）http://www.aeon.info/company/sc/023.html

（2）モノプソニーとは需要が一つのところからのみ生じた場合に起きる状態であり、もしあるモノに対して、一人しか買い手がいない場合は、その買い手がそのモノに対して価格決定力を有する。そのような状態を買い手がモノプソニーを有しているという。

（3）http://www.time.com/time/time100/builder/profile/walton2.html

（4）Charles Fishman, Wal-Mart Effect, The Penguin Press, 2006

(5) John Dicker, The United States of Wal-Mart, Jeremy P.Tarcher/Penguin, 2005
(6) Charles Fishman, Wal-Mart Effect, The Penguin Press, 2006
(7) Charles Fishman, Wal-Mart Effect, The Penguin Press, 2006
(8) http://economics.missouri.edu/~baskere/
(9) Jerry Hausman and Ephraim Leibtag, Consumer Benefits from Increased Competition in Shopping Outlets, Measuring the Effect of Wal-Mart, MIT and Economic Research Service, U.S.Department of Agriculture, October, 2005
(10) http://www.econ.iastate.edu/faculty/stone/
(11) John Dicker, The United States of Wal-Mart, Jeremy P.Tarcher/Penguin, 2005
(12) Charles Fishman, Wal-Mart Effect, The Penguin Press, 2006
(13) http://cecd.aers.psu.edu/pubs/Poverty Research WM.pdf
(14) John Dicker, The United States of Wal-Mart, Jeremy P.Tarcher/Penguin, 2005
(15) Elizabeth MacDonald, Giant Slayer, Forbes, September 6, 2004
(16) Al Norman, Slam-Dunking Wal-Mart!, Raphel Marketing, 1997
(17) Al Norman, Slam-Dunking Wal-Mart!, Raphel Marketing, 1997
(18) Charles Fishman, Wal-Mart Effect, The Penguin Press, 2006

地べたで眠る若者たち
——希望はあるか

第５章

日本のワーキング・プア 心の叫び

宮本冬子（翻訳家）

あるチェーン店の職場風景

1995年春、大学進学のために東京へ出てきた私は、同世代の平均的な大学生がそうするように、大学生活に慣れるよりも先にアルバイトを始めた。居酒屋チェーン店のホール係を皮切りに、喫茶チェーン店、弁当屋さん、書店、ビジネスホテル、霞ケ関某省でのコピーとお茶くみ……。

アルバイト生活は大学院に進学してからも続いたので、結局、私は20代の間、ほとんど常に時給1000円以下の労働に従事してきたことになる。

そんな生活をしてきたからだろう、今回、三浦展氏から「アメリカの『ワーキング・プア』(働く貧困層)についての本を読んで、実態をまとめてほしい」と依頼され、あれこれ考えをめぐらせていたとき、改めてあるアルバイトで体験した「光景」がまざまざと頭に甦ってきた。世界的なカジュアルウェアのチェーン店で体験した職場風景がそれである。

2002年末から03年夏ごろまでの約半年間、私はこのチェーンの都内某店舗で「セールス・アソシエイト(SA)」として働いた。社内では横文字のまま「SA《エスエー》」と呼ばれていたが、要するに「売り子」である。時給は能力によって違っていて、私の場合は「860円」だった。

その店舗で正社員だったのは5人だけ。その5人が、全員「マネジャー」として契約社員4

人と数十人のアルバイトを管理していた。

まず驚いたのは、仕事の間に接客などの態度をマネジャーが子細に見ていることだった。このチェーン店の店員は小型マイク付き無線レシーバーを備えていることがあるが、本来は主に奥の倉庫で仕事をしている「ストック」係と在庫状況を確認するために使う、そのレシーバーでマネジャーが指示を出してくるのだ。

うっかり気の抜けた接客をしようものなら、「宮本さん、もっと笑顔で」。ちょっとボーッとしているところを見つかると、「ぼんやりしている暇があるなら、そこのセーターを畳んで」。ミッシェル・フーコーが『監獄の誕生』で描いたパノプティコンを彷彿とさせる「監視」である。

徹底したコストダウン策

これ以外にも、このチェーン店では、どこのアルバイト先でも経験したことのなかった新しい「やり方」に接して面食らうことが多かった。

雨などで来店客が少なくて売り上げが伸びない場合、勤務途中なのに帰宅させられることが頻繁にあった。マネジャーがやってきて、こう言うのだ。

「ごめん、宮本さん。きょうは雨なので、もう上がって」

反対に客が多くて店が混雑してくると、シフトが入っていない日に突然、携帯電話に連絡が入る。「今から出勤できませんか」。

どれもこれも、ぎりぎりの人数で勤務を回して人件費を節約しようというコストダウンのための対策だ。

また、アルバイトを辞めてから数年後にテレビを見ていて知ったのだが、このチェーン店では、店員の能力別に勤務時間を設定する仕組みがあるようなのだ。どういうことかと言うと、接客の下手な店員に対しては、仕事に就かせないように、どんどん勤務時間を減らしていくのである。自然に辞めていくのを狙っているのだろうが、実は、私も、半年の間に希望していたよりも勤務時間がどんどん少なくなっていくことを体験した。当時はわからなかったが、私もこの制度の対象者だったのかもしれない。

「日の丸弁当」のフリーターも

周りで働いていた同僚たちの多くは、私のような学生ではなかった。多くが「フリーター」と呼ばれる人たちである。

まだ10代だったA子は、服飾系の専門学校に通うために東北地方から出てきたが、学校を辞めてここで働いているのだと言っていた。彼女はしきりに「ここは人使いが荒い」とこぼしていたが、ある日、昼休みに一緒になった時、食べているものを覗いたら、白米に梅干しをのせただけの「日の丸弁当」だった。A子は、バツが悪そうに、「こんなのしか食べられないほど、お金がないのよ」と言った。

私と同様に勤務時間を減らされていると言って、「これじゃあ、やってられない」と泣きそうな顔になっていたB子とは、信じられない会話を交わしたことがあった。休憩中に雑談していて、「海外生活」が話題になった時のことだ。私がパリに住んでいたことがあると話すと、B子は屈託のない顔でこう言った。

「それじゃあ、宮本さんってイタリア語が話せるんだ」

世界を代表する都市と国名が、ごっちゃになってしまっている。

また、仕事がすごくできて、マネジャーたちから頼りにされていたC男は、契約社員への「昇進」を狙っていた。彼もA子と同様、こき使われることに憤慨し、「ストライキを起こしたい」と怒っていたこともあったが、だからこそ、店の中で一段上の「身分」になりたいと思ったのだろう。しかし、別のアルバイトから聞いた話だと、そのチェーン店でアルバイトから契約社員や、その上の正社員になれるのは「極めて狭き門」なのだそうだ。果たして、今、C男はどうしているのか……。

アメリカを追いかける日本

長々とアルバイト体験の「思い出」を書いたが、むろん感傷にひたっているのではない。アメリカの「ワーキング・プア事情」を知れば知るほど、ここまで述べてきた私の体験とそれが重なり合ってくるからなのだ。

例えば、雨が降って客が少ないとアルバイトを途中で帰らせる手法は、ウォルマートでも同じようになされている。

第4章でも取り上げられた『ウォルマートがアメリカをそして世界を破壊する』の著者、ビル・クィンはウォルマートに15年間勤務し店長まで務めた「ジョー」という元従業員にインタビューしているが、店長が自らの長時間労働を嘆いた後で次のように告白するのだ。

ビル：時間給で働く人たちは、勤務時間を最低限に抑えられると聞いていますが？

ジョー：彼らがどんな待遇を受けているか、あなたには信じられないと思いますよ。店長が従業員の勤務時間を週に二八時間以内に抑えようとするので、従業員は手当をもらえないんです。店長は、店が暇な日はいつも、従業員を四時間勤務させたあとは、何時でもかまわないから家に帰らせるよう指示されています。常勤とされている売場主任でさえ帰宅させられ

ることもあります……（中略）

ビル：以前より、少しはましになっているのですか？

ジョー：いいえ、むしろ悪くなっていると聞いています。今の店長は、正社員が一人辞めたら、その代わりとしてパートを二人雇うように言われています。(1)

まるで、私が働いたチェーン店と同じである。というか、チェーン店の場合、マネジャーが「ごめん」とすまなそうに持ちかけてくるだけ、まだましだ（もっとも、それは日本の職場だからだろうが……）。ウォルマートの場合はもっとシステム化がなされているのだろう。

アメリカでさえ、「ワーキング・プア」をテーマにした本が出版されるようになったのは、ここ数年のことだ。今回、それらのうちの代表的なものを集中的に読んだが、それに自らのアルバイト体験を重ね合わせていくと、とにかく日本がアメリカを追いかけているような気になってしまうのである。

ワーキング・プアが発生する理由

なぜ、「ワーキング・プア」が発生するのかについては、ナオミ・クラインの『ブランドなんか、いらない』がわかりやすい分析を試みている。2000年にカナダで出版されてベストセラーになった本で、「反グローバル化」の理論武装をするのにはうってつけの一冊である。

クラインはまず、北米においては、大企業の商品を買う以外に消費者に選択肢がなくなってしまっている状況を詳細に分析する。すなわち、店や広告が街じゅうにあふれかえり、その結果、公共空間が企業に乗っ取られ、それ以外に眼がいかなくなるように街がシステム化されてしまったというのだ。

一方、大企業は、1980年代の規制緩和によって、先進国で高い労働賃金を払って商品を製造する重荷から自由になった。「大競争時代」が囃《はや》され、先進国の企業は人件費の安い発展途上国にどんどん製造ラインを移していった。当然、国内の製造業は空洞化し、衰退していく。そこで生まれた失業者を吸収する仕事は、サービス業しか残されていない。だからこそ、ファストフードや小売店で働く労働者が増えるのである。

クラインは、こうした結果、大企業が全世界の労働者たちをいじめていると激しく告発する。

多国籍ブランド企業は、途上国の労働者に十分な賃金を与えていない。北米とヨーロッパのモール、高級なショッピング街、レストラン街、スーパーストアでも、彼らは同様のレトリックを使っている。企業は製造とサービスの両方で、雇用主としての責任から逃れようとしているのだ。……（中略）……モールの店員と、虐待と搾取に苦しむ（途上国の）ゾーン労働者を比べるのは少々気が引けるが、ここには強力なパターンがある。企業は、モールであれ、ゾーンであれ、大人の労働者が自分たちが払う給料を頼りにしている事実に目を向ける気はない。(2)

06年になって日本でも「格差社会」批判が噴出してきたが、クラインの批判を読むと、置かれている状況は日本でもまったく同じであることがよくわかる。

低すぎる賃金と劣悪な待遇

それでは、実際の「ワーキング・プア」の人たちの扱われようはどうか。

先のビル・クィンによると、数あるコスト削減対策のなかでも、従業員を対象にしたものは「ウォルマートの十八番」として、次のように言う。

食品商業労働組合によると、ウォルマートの従業員の時給は、組合のあるスーパーマーケットの平均より三ドル低く、ほかのスーパーマーケットより二ドル、そして小売業全体の平均より一ドル低い。(3)

同書においては実際にウォルマートの時給が何ドルなのかについては書かれていないが、「食品商業労働組合（UFCW：United Food and Commercial Workers International Union）」のホームページによると、平均時給は8・23ドル（900円程度）だ⑷。しかし、先に元店長が告白していた勤務時間の「調整」に注意しなくてはならない。ウォルマートは「フルタイム」を週28時間以上と定義しているが、元店長によると従業員の多くがフルタイム労働者ではないのだ。その結果、クィンによると、「食料割引券など政府からの生活扶助」を受けている店員がウォルマートにはけっこういるという。

賃金だけでなく、社会保険の加入状況もお寒いものがあるともいう。例えば、健康保険。ウォルマートの健康保険制度は、保険料が高いなどの理由で加入できる従業員は38％しかいないそうだ。しかも保険適用を受けられるのは、「週に28時間以上働いている勤続2年以上」の従業員に限られるため、パート従業員はまったく適用されないという。

働いているのに政府から補助を受け、病気になっても医者にかかれない――これが富を誇るアメリカの底辺の姿である。

有名コラムニストの体験取材

そうした生活に「突撃取材」を試みた人もいる。『タイム』や『ハーパーズ・マガジン』など、一流誌のコラムニストとして活躍しているバーバラ・エーレンライクである。その体験は『Nickel and Dimed（ニッケル・アンド・ダイムド）』として本にまとめられ、２００６年夏には邦訳も出版された。

エーレンライクが体験したのは、フロリダ州でのウェイトレス、メイン州での掃除婦、ミネソタ州でのスーパーの店員の三つ。彼女は、このプロジェクトの期間中は貯金を使わず、低賃金の仕事で得られる収入だけで生活することを試みる。

例えば、ウェイトレスをしていた時の一カ月の収支決算は、次のようになったとする。

……一カ月に１０３９ドル稼いで、食品、ガソリン、洗面化粧品、洗濯、電話、光熱費などに５１７ドルを使った。最大の難問は家賃だった（エーレンライクは、月５００ドルの部屋を借りていた、引用者補足）。もしも５００ドルのワンルームの家にずっといたら、家賃を払った残りは22ドルということになる……（中略）……これを見ても、もしもあと数カ月あの生活を続けていたら、かなり危なかったことがわかる。なぜなら、遅かれ早かれ医療費か歯の治療費か、あるいは解熱鎮痛消炎剤以外の薬に、いくらか支出することは避けられなかったにちがいないからだ。(5)

すなわち、病気にかかっていたら即、アウト。生活が「破綻」していると言っていいだろう。

エーレンライクは、ウォルマートが従業員に与える労働に対して厳しい眼を向ける。他の低賃金労働と同様に、仕事は単調で、時給は低く、人間の尊厳が軽視されているとした上で、こう言う。

「仕事を始めるときにはあまり気づかないことだが、自分の時間を切り売りするつもりでいたのに、実際に切り売りするのは、自分の生活であり、人生そのものだった」

そう、人生を切り売りしている、いや、切り売りせざるを得ないのが「ワーキング・プア」なのだ。生きていくためには単調な仕事をしていかざるを得ず、その仕事を続けている以上、いくら上昇志向を持っていてもそんな境遇から抜け出すことができない、そして、いつしか生きていく希望も失ってしまう……。「働いているのに、生活が苦しい」という不条理のなか、ワーキング・プアの人たちは八方ふさがりの状態に置かれている。

そして階級が再生産される

2005年に出版された、『ニューヨーク・タイムズ』の記者たちの共著である『Class Matters（階級が問題である）』は、「ワーキング・プア」も含めた労働者たちの過酷な現実がビビッドに描かれたルポ集である。

この本の背表紙には、「(アメリカは)最も貧しい人々の間でも、教育や、ハードワークや進取の気質を通じて豊かになれる(と信じられている国)」などと書かれているが、むろん、登場する人物はそうした「アメリカン・ドリーム」からはかけ離れた人たちがほとんどである。

14のケースが取り上げられているが、No Degree, and No Way Back to the Middle(中流に戻る道はない)というタイトルで紹介されている元工場労働者マックリーンの叫びは、悲痛である。製造業の空洞化で職を失った後、妻の病気などで生活も何もかもがうまくいかないことに苦しみ、ある結論に達したというのだ。その結論とは、

「努力によって前進するということは、もはやない」

裕福でない家庭で育ち、弁護士をめざしてロースクールに通っているマギー。アメリカでは学費を払うために借金をして高等教育に通う学生は珍しくないが、マギーの場合は度を超している。学校に通いながら三つの仕事を掛け持ちして働いたのに、卒業するさいには借金が10万ドルにふくれあがっていた。もともとは人権団体の仕事を志望していたが、借金返済のためには稼げる法律事務所に就職せざるを得なかった。

もちろん弁護士になれただけマギーはましだ。家族のなかで初めて大学に進学できたアンディは、せっかく進学したのに、夏休みにスーパーマーケットのアルバイトをしたところ、すっかりその仕事になじんでしまい、カレッジを退学してしまう。彼もまた裕福ではない家庭に育

ち、大学に通っている間、居心地がいいと感じたことは一度もなかったようだ。ところが、時給6・75ドルという低賃金労働のスーパーの仕事を始めたとたんに、人が変わったように社交的になり気分がリラックスするようになったのだ。

自分が慣れ親しんだ「環境」の方が居心地がいい、と言ってしまっては身も蓋もないが、つまりは格差が固定化され、現実には階級が再生産されているということだろう。

実は、大学進学に限ると、アメリカではすでに分厚い壁ができてしまっているようだ。

エリート大学は、志願してきた低所得層の学生に多くの機会を与えてはこなかった。プリンストン大学の元学長であるウィリアム・G・ボウエンは、最近入学試験の結果を見ていた時に、ハーバード、イェール、プリンストン、ウィリアムズ、ヴァージニアといった19のトップ大学のグループに入る高所得層の学生に比べて、低所得層の学生には可能性が少ないということに気づいた。運動選手、卒業生の子弟、マイノリティの学生は全て平均点数よりも低い成績である。貧しい学生は、そもそも志願してこない。(6)

日本に未来はあるか

再び日本に視点を戻してみる。アメリカで出来上がっている、この大学進学の壁は、日本はもっと高く、これからさらに悪化していくのではないかと私は危惧している。

何と言っても大きいのは「お金」の問題だ。日本の高等教育の学費の高さは世界一である。旧国立大学の授業料が高くなってしまった今、「年間100万円」の学費が払えないと、そもそも大学に入ることすらできない。

アメリカの大学生の約7割は州立大学に通っているが、自分の住む州の州立大に入れば、例えばカリフォルニアでは授業料は年間2500ドルである。また、私立大になると学費が高いことで有名だが、貸与ではない渡しきりの奨学金がたくさん用意されている。

一方、日本の奨学金事情は、貸与が多くてお寒い限りである。

今はまだいい。総中流時代を生きてきた親の世代が、「100万円」を子どものために支払ってあげることができるからだ。しかし、これから「年収300万円」がスタンダードになっていき、また、私たちフリーター世代が親になって子どもを育てる時代になると、どうなるだろう。少なくとも、低賃金で働く階層の子どもたちは、大学に進むことができないだろう。

その意味で、全員ではないが、冒頭のフリーターたちには、まだ「救い」がある。親元から通っていれば、たとえ賃金が低くても、少なくとも「食」と「住」は安定している。そのことも影響しているのか、なかにはティファニーやルイ・ヴィトンなど、自分たちの時給の100倍以上はする高価なブランド品を身につけている女の子もいた。

しかし、地方から出てきた若者たちは、今でも悲惨な生活を送っている。下流社会化が進めば、これに都会の若者たちが加わってくる。

２００６年春、フランスの若者たちは、雇用の流動化を促進する法律が国会に提出されると、抗議の声を上げて反対する大規模なデモを繰り返した。同じようなことが日本で起こった時、はたして日本の若者は立ち上がるだろうか。おそらく、そうはならないだろう、と思う。だからこそ、日本の未来がアメリカ以上に暗く見えて仕方がないのである。

【注】

（１）ビル・クィン『ウォルマートがアメリカをそして世界を破壊する』
（２）ナオミ・クライン『ブランドなんか、いらない』pp.228-229
（３）ビル・クィン『ウォルマートがアメリカをそして世界を破壊する』
（４）http://www.ufcw.org/
（５）バーバラ・エーレンライク『ニッケル・アンド・ダイムド』
（６）David Leonhardt. 'The College Dropout Boom' in Correspondents of New York Times. Class Matters. 2005. Times Books (New York)

トレーラーハウスには低所得者が住む

第6章

アメリカの下流社会

――こぼれ落ちる若者たち

藤田晃之（筑波大学助教授）

圧倒的な格差社会

アメリカ社会における格差は強烈だ。

この国は、世界一の国内総生産（ＧＤＰ）を誇り、一人当たりの国民総所得（ＧＮＩ）をとってても日本を上回る。２００５年現在で世界銀行が発表した一人当たりのＧＮＩランキングでは、アメリカが7位、日本は11位だった。

しかし同時に、むきだしのままの貧困が社会の一角を占める、という現実もまたこの国の姿である。一つふたつ道路を横切っただけで、通りの景色やそこにただよう空気が一変する都市は少なくない。フィラデルフィアやサンフランシスコは、その典型だろう。ブランドショップがひしめく通りでも、そこから数ブロック離れると、何層にも重なったスプレーペイントの落書きにまみれ、なされるべき修繕も加えられないまま立ち並ぶビル群に出くわす。

たった数本の道路を隔てただけで顕在化するアメリカの格差。これは、大都市部に特有の現象ではない。アメリカの至る所で、富む者と富まざる者の居住地は、誰の目にも明らかな、見えない線で分断されている。この分断をもたらした要因の一つは、言うまでもなく、１９６０年代まで続いた人種差別政策である。肌の色による棲み分けは、実態として現在もなお続いており、貧富の差とのオーバーラップも解消されてはいない。そして、言語・文化による棲み分けもまた、格差社会としてのアメリカを特徴づける問題であり続けている。

まずは、このような人種・民族間格差の一端を示すデータを挙げよう。

はじめに、25歳以上の有職者（パートタイマーなどを含む）の年収を比較してみる（図1）。このグラフが明確に示すように、マイノリティーグループの収入は白人に対して歴然と低い。白人の場合、年収の最頻値は3万5000ドル以上5万ドル未満の層に見られるが、黒人（アフリカ系アメリカ人）とヒスパニック（中南米スペイン語圏からの移民とその子孫）では1万5000ドル以上2万5000ドル未満に最頻値が現れている。アメリカ経済の復調により、90年代後半から総体として国民の収入は上向きになってはいるものの、貧困率を比較した場合、白人とマイノリティーの差は2倍を優に超えている。04年現在では、白人の貧困率は8・6％であったものの、黒人では24・7％、ヒスパニックでは21・9％が貧困にあえいでいるのである（1）。

次に学歴格差に注目しよう。

アメリカの場合、義務教育完了年齢の設定は州によってなされ、16歳から18歳までのばらつきが見られるが、17歳とするケースが最も多い。通常の公立学校ではハイスクール（高校）まで、地方教育委員会が定める通学区に基づく就学校指定制をとっており、入学者選抜はいずれの段階においても実施されない。16歳あるいは17歳をもって義務教育完了とする州では、生徒

図1　25歳以上の有職者の年収構成（%・2004年）

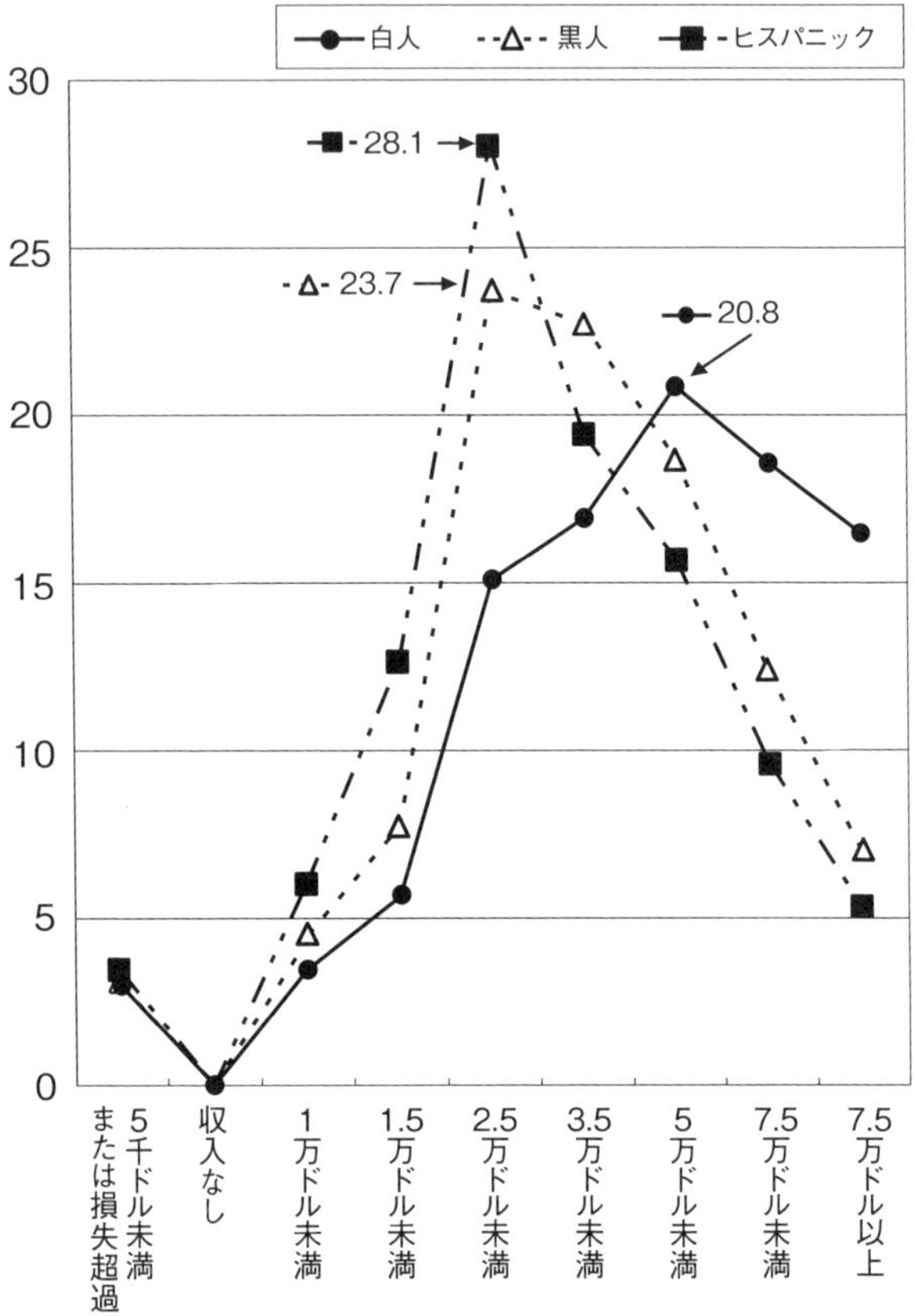

[注]本グラフでは白人・黒人ともヒスパニックを含んでいない。
ヒスパニックは多様な人種によって構成される。
(資料)U.S. Census Bureau,Current Population Survey(CPS)Table Creator
〈http://www.census.gov/hhes/www/cpstc/cps_table_creator.html〉により作成

表1　25歳以上の成人における学歴別人口構成（%・2003〜05年）

		ハイスクールあるいはそれ以前での中退	ハイスクール卒業あるいは同等認定試験合格	大学在学経験あり（準学士を含む）	学士あるいはそれ以上
全体	2003年	15.4	32.0	25.3	27.2
	2004年	14.8	32.0	25.5	27.7
	2005年	14.8	32.2	25.4	27.6
白人	2003年	10.6	32.9	26.4	30.0
	2004年	10.0	32.8	26.6	30.6
	2005年	9.9	32.9	26.6	30.5
黒人	2003年	19.7	35.4	27.5	17.4
	2004年	18.9	36.2	27.2	17.7
	2005年	18.5	37.3	26.5	17.7
ヒスパニック	2003年	43.0	27.4	18.2	11.4
	2004年	41.6	27.7	18.6	12.1
	2005年	41.5	27.6	18.9	12.0

[注]本表では白人・黒人ともヒスパニックを含んでいない。
（資料）U.S. Census Bureau, Current Population Survey (CPS) Table Creator 〈http://www.census.gov/hhes/www/cpstc/cps_table_creator.html〉により作成

はその完了時期をハイスクール在学中に迎えることになるが、それを意識した学校行事が行われることはまずない。また、公立学校における無償制は、義務教育完了年齢にかかわらずハイスクール卒業に至る全学校に適用される。アメリカでは、ハイスクールまでが義務教育機関であり、この間、入試や授業料徴収など中退の誘因となり得る要素は極力排除されている。

しかしながら現実は厳しい。表1が示すとおり、マイノリティーグループ、特にヒスパニックにおける中退率は極めて高く、4割を超える者がハイスクール卒業にまで到達しておらず、その後もハイスクール卒業同等認定を取得しないままとなっている。低学歴と低所得は高い相関を保っており、マイノリティ

ーグループにおける貧困の再生産の悪循環は断ち切れてはいない。

しかも、深刻な低所得層を抱えるヒスパニックが急速な増加傾向を示し、黒人を超えて第一マイノリティーグループとなったことが2000年センサス(国勢調査)によって明らかとなった(人口構成比:黒人12・3%、ヒスパニック12・5%)。しかも、2050年までには、ヒスパニックがアメリカ総人口の4分の1に達するとの予測値も発表されている(2)。人種・民族間の圧倒的な格差を解消できるか否かは、アメリカにとって死活問題なのである。

アファーマティブ・アクションの展開と苦悩

このような激烈な格差に対して、アメリカが手をこまぬいてきたわけではない。黒人差別廃止の象徴とも言える公民権法の成立(1964年)以降、黒人を中核としたマイノリティーや女性の社会・経済的地位の向上を企図したさまざまなアファーマティブ・アクション(affirmative action:積極的差別解消施策)が展開されてきた。しかし、一連のアファーマティブ・アクションに対しては、白人への「逆差別」であるとの批判が常に向けられ、その展開は平坦ではなかったのである。

ここでは、大学入学者選抜における人種・民族的マイノリティーのための優遇施策をめぐる動向を事例として取り上げ、アメリカの苦悩の歩みを垣間見よう。

まず、78年に連邦最高裁判所が下した「カリフォルニア州立大学理事会対バッキ（Regents of the University of California v. Bakke）事件」に対する判決を挙げる。

70年代、カリフォルニア州立大学デイヴィス校医学部（医学大学院）では、人種・民族的マイノリティーのための特別定員枠を設けていた。73年から2年連続してこの医学部の入試に失敗した白人男性アラン・バッキは、彼より成績の悪い者が特別定員枠によって合格していることを不服として裁判を起こしたのである。その結果、連邦最高裁判所は、大学の入学者選抜においてマイノリティーを優先し学生集団の多様性を確保するという目的自体は合憲とし、マイノリティーであることをプラスの一要因（a plus factor）として捉えることの妥当性は認めた。しかし、特別定員枠についてはそれが人種を理由とした不平等な扱いにあたり憲法に違反するとの判断を下したのである。バッキはこの判決によって合格を手にした。

そして、この判決から四半世紀経過した2003年、バッキ事件判決の判断が今日でもなお有効であることを示す新たな最高裁判決が出た。ミシガン大学での入学者選抜をめぐる二つのケース（Grutter v. Bollinger 及び Gratz v. Bollinger）で、いずれも同大学に不合格となった白人の若者が、当時の学長であるボリンガーを訴えた事件だった。結果は、法科大学院での不合格を問題にしたグラッター事件では原告敗訴、教養学部での不合格を問題にしたグラッツ事件では原告勝訴となった。すなわち、マイノリティーであることを考慮しつつも、総合的・総括的な人物評価を行うことで個々の合格者を決定する方策をとった法科大学院の入学者選抜は合憲とし、高校での成績や学力テストの結果などを得点換算してその合計点によって合否決定する中で、マイノリティーグループに加算点を付与していた教養学部の入学者選抜は違憲であるとの判断である。

特定集団に有利に働く固定的な枠ないし基準をあらかじめ設ける方策は、たとえその対象がこれまで不利益を被ってきた場合でも違憲であるものの、学生集団の人種・民族の多様性を確保するためマイノリティーグループに属するか否かを考慮すること自体は合憲であるとの再確認がなされたのだった。

法の下での平等を掲げる中で、人種差別の負の遺産との格闘を続けなければならないアメリカの苦悩は、「連邦最高裁判所は、今日より25年後には、特定人種優遇策がもはや必要のない社会となっていることを期待する」という、ミシガン大学法科大学院の入学者選抜を合憲とした判決文にもにじみ出ていると言えよう。本来、平等性の点で問題をはらむアファーマティブ・アクションに対して、合憲との判断をせざるを得ないほど、アメリカのマイノリティーたちが置かれた状況は厳しいのである。

白人における格差

さて、これまで示してきた統計的事実に再び目を向けたい。富裕な白人たちと、そうではないマイノリティー。各データは、確かにこのような人種・民族間の格差を示してはいる。しかし同時に、白人の1割弱が貧困にあえぎ、ハイスクールあるいはそれ以前での中退のままとなっている者も成人白人の約1割を占めるという事実を見落とすべきではないだろう。

むろんマイノリティーグループと比較すると、彼らの比率はいずれも著しく小さい。だが、実数はどうか。2004年現在で貧困ボーダーラインを下回る家庭で生活する者の総数はおよそ3700万人、そのうち、白人が約1700万人、ヒスパニックは約900万人である。貧困者の45％以上は白人たちなのだ。

人種の違いだけでなく、私たちは「白人下流社会」の問題にも目を向ける必要がありそうだ。いや、そうしなければ、アメリカの下流社会の現実は見えてこない。

映画『ガンモ』が描く白人下流社会

ここで、1997年にアメリカで公開され、貧困な白人たちの日常を淡々としたコラージュで描き出した映画『ガンモ（Gummo）』を紹介しよう。映画の舞台は、竜巻による甚大な被害から十分には立ち直っていない郊外の街、オハイオ州ジーニアである。10代後半と思われる白人少年タムラーは、友人ソロモンとともに、野良猫を銃で殺し、街の肉屋に売りつけて日銭を稼いでいる。

タムラーは、ある時、将来展望のない日々の重圧に耐えかねてこう独白する。

「何もかもヘドが出る。こんな世の中を大人たちは何で変えられないんだ。あいつらは、ただ座っているだけ、何もしないでへたり込んでいるだけだ。あいつらのやっていることは、くだらないおままごと遊びだ。(I'm sick of everything. I can't understand what fuck is bothering people in this world. They sit around. …They sit there. They pretend their little lives, their homes.)」

確かに、タムラーの怒りの矛先にある大人たちは、どうしようもない貧困にうちひしがれ、日常の変革に動き出す気力すら奪われている。ある男は、おそらく自分の家であろう粗末な住宅の庭先でこう言う。

「食うためには働くしかない。この生活から抜け出す方法は、自殺ぐらいしかない。俺も死のうと思った。でも死にきれなかった。(People's got to work for living. I think suicide (is) going way out, out of life. I wanted to die, tried to die. But, I didn't.)」

『ガンモ』はあくまでフィクションでありながら、こうした白人貧困層の日々を切り取り、断片的な映像をつないで進展する。そして、何の結論も展望もないまま、ぷつりとエンディングを迎える。この結末は、白人貧困層の将来を示唆するために設けられたに違いない。時に「ホワイト・トラッシュ（くずのような白人たち）」という侮蔑の言葉を浴びつつも、アメリカの社会で貧困にあえぐ白人たちには、その経済的困窮のスパイラルから抜け出す機会はおそらくやってこないし、翌日も、その翌日も、多分その先もずっと、同じような毎日が繰り返される。『ガンモ』のエンディングに込められたメッセージはこれだろう。

トレーラーハウスとウォルマート

そして、このような暮らしを強いられている白人貧困層は、「ホワイト・トラッシュ地区」と陰でささやかれる都市周辺の場所に住み、そのような地域の圧倒的多数は小規模・点在型という特徴を持っている。百に近い世帯規模となることはまれだろう。

ゲットーと呼ばれることも多い都市型の貧困地域はほぼ黒人によって占められ、ヒスパニックはスペイン語で日常生活が成立するほどの規模で集中居住地区を拡大させているが、白人貧困層の多くはそのいずれにも住まいを持たない。人種・民族による棲み分けは、当然のことながら貧困層にも見られるのである。

交通の便が悪く、公共施設からも遠く、この数十年、宅地開発からも商業地開発からも取り残された土地に、放置されたように建つ賃貸家屋やアパート、そしてトレーラーハウス。ステレオタイプとなることを躊躇せずに言えば、ここが彼らの住まいである。

日本では、トレーラーハウスにキャンピングカーにも通じる娯楽性の強いイメージが付与されているが、「本場」のそれはまったく異なる。本来は可動式住宅として開発されたものであるにせよ、彼らの住んでいるのは、最初の持ち主が手放し、おそらく再び動かされることはない、そして中長期的に居住できる建造物としては最も安価な簡易住宅である。通常それは、トレーラーパークと呼ばれる電気や水道がひかれた場所に設置されるが、貧困層の集中を避けるためトレーラーパークの規模は常に制限されている。

そして興味深いことに、彼らの居住地が結果として備えた条件——郊外にあり、地価が安く、これまで非商業地域としてみなされ、特定マイノリティー居住区というラベリングもなされていない——を備えた場所は、十分な駐車スペースを確保した巨大スーパーマーケットを新規導入するにはうってつけなのである。例えば、郊外型スーパーマーケットの旗手として「エブリデイ・ロープライス」をスローガンに発展を遂げてきたウォルマートは、そういう場所をターゲットに新規店舗を増やしてきた。ウォルマートが、満たすべき労働条件の整備を怠っているとしてしばしば批判を浴びるのは、たとえ最低ラインの賃金であっても、特定の学歴や資格を求めない働き口を渇望する人々が近隣に一定割合で居住していることと無縁ではない（第2章にまとめられた三浦氏、服部氏によるアメリカ視察の訪問予定地一覧を目にしたとき、真っ先に浮かんだ風景はトレーラーパークであった。より詳細に見ていくと、候補地の多くが白人の子どもたちの低学力・非行・中退などの問題をかかえる地域と重なっていることに気づいた。視察に同行できなかったことは今でも残念でならない)。

エーレンライクが経験した貧困のスパイラル

ここで、アメリカの階層問題を中核テーマに扱ってきたコラムニスト、バーバラ・エーレンライクが描き出した、アメリカにおける貧困のスパイラルのメカニズムを紹介しよう(『ニッケル・アンド・ダイムド』)。

エーレンライクは、「低賃金労働者は果たして日常生活上での収入と支出の帳尻を合わせられるのか」という素朴な問いを立て、自ら低賃金労働者としての生活を体験し、その生活をルポルタージュとしてまとめている。

ここで彼女は、①アメリカの多くの賃貸住宅の家賃が高すぎるゆえに低賃金労働者は劣悪な住環境を選ばざるを得ず、②自家用車を所有する余裕がないために通勤手段が限られ、給与の高い職場を求めてどこにでも自由に転職するという贅沢は許されず、③就職面接時に必ず行われる薬物検査のために担当者の目前で排尿を強いられるなど、雇用者への絶対的な服従を意識化させるしくみがあり、④単純労務の職場であればあるほど無駄話が禁じられ、労働者間の連帯を生む術《すべ》が巧妙に断ち切られており、⑤無料の食事の提供や社員割引などのいつでも中止し得る報償が準備されて、労働者が現職につなぎ留められると同時に賃上げ欲求が回避される、等々の〝からくり〟を次々に明らかにしていく。

エーレンライクは、働いてもそれが収入増と生活の安定につながらない「ワーキング・プア」の現実を私たちに突きつける。

「経済的に恵まれない者」に対する教育支援

では、貧困にあえぐ者たちに、まったく光はないのか。

そうではない。先述のアファーマティブ・アクションは、その光の一つだろう。マイノリティーであれば、少なくともそれ自体が、社会階層移動を図る上で〝a plus factor〟となり得る。しかし、問題は、マイノリティーではない貧困層、つまり、白人貧困層における階層移動が著しく困難であるという点である。しかも、マイノリティーであるか否かを問わず「経済的に恵まれない者」に対する積極的支援として講じられているさまざまな施策によっても、この難問はなお解決されないまま残るのだ。

ここでは教育に領域を絞り、貧困家庭の子ども・若者に対する教育支援施策の概略とその成果を見ることによって問題の一端を浮き彫りにしたい。

「Title I」に基づく支援

１９６５年に成立した連邦の「初等中等教育法（Elementary and Secondary Education Act）」は、その第一部（Title I）を「不利な立場に置かれた子どもたちの成績の改善（Improving Academic Achievement of the Disadvantaged）」をねらった諸規定に充てている。Title Iは、本法成立当時のジョンソン大統領が提唱した「貧困との闘い」のために導入され、今日でも、連邦教育省の初等中等教育関係予算のうち最大の予算額を得ている（２００６年会計年度では、初等中等教育関係支出３７９億ドルのうち、１２７億ドルがTitle Iに基づくものである）。この莫大な予算は、貧困家庭の子どもたちを対象とした、就学前段階からの読み書き教育、移民のための英語教育、非行生徒に対する支援、大学進学準備教育、中退予防教育等の提供に重点的に使用される。

このTitle Iの最大の特質は、貧困家庭の子どもが全体の４割以上を占める学校を「Title I School（School-wide Program）」として特定し、高貧困率地域（high poverty area）に居住する子どもたちの「低学力—中退—低所得」のスパイラルを重点的に食い止めようとする点にある。貧困家庭の子どもが４割を超えると、Title Iに基づく連邦補助金は一気に増え、教育成果に対する厳格なモニタリングの適用を受けることとなり、成績低迷状態が続いた場合には行政介入などの措置対象ともなる。

高貧困率地域への積極的な支援は、格差社会アメリカが生み出した知恵であり、最も支援の必要な地域に対して手厚い措置を講ずるという妥当性を有する。しかし、これこそが、白人貧困層が支援の対象となりにくい現実を生んでいることもまた事実なのである。

2000年度現在、Title I Schoolとしての指定を受けた初等中等学校は、全米で18%、8375校であった(3)。しかし、大規模学校区上位100地区(4)に限定すると、その割合は一気に40・4%となり、その学校数は5833校に及ぶ(5)。高貧困率地域は大都市部に集中し、当該高貧困率地域、つまり、ゲットーなどの都市型の貧困マイノリティー集中居住区の学校に手厚い教育支援が向けられていると言えよう。郊外に点在する白人貧困層居住地区は、その規模が小さいゆえに、彼らの子どもたちが通う学校はTitle I Schoolとして指定されにくいという特質をもつ。Title Iに基づく諸施策は、マイノリティーと低収入との明確な相関が見られるアメリカにあって必要かつ妥当でありながら、白人貧困層はその手厚い教育サービスからこぼれ落ちていくのである。

ジョブ・コア

もう一つ事例を挙げよう。16歳から24歳までの貧困青年を対象とした連邦労働省直轄の完全無償制教育職業訓練プログラム、ジョブ・コア（Job Corps）である。

1964年に開始されたジョブ・コアは延べ200万人もの若者に教育訓練を提供してきたと言われ、2006年7月現在、全米122のセンターで運営されている。参加者は、職業訓練と一般教養カリキュラムを受講し、規律の厳しい寄宿制による集団生活を経ながら、就労するために必要な意欲・心構え・知識・技能を身につけていくことが期待されている。社会・経済的な意味で最底辺層に位置づけられている若者に、体系的教育訓練と、健全かつ規律ある生活の場を提供することを通して、職業生活への移行におけるセカンドチャンスを与えるジョブ・コアに対する社会的評価は極めて高い。

例えば、対費用効果分析(6)では、ジョブ・コア・センターにおける教育訓練投資額1ドル当たり、アメリカ社会が得た利益は2・02ドルと算出された。この分析においては、修了者の個人収入・税収入・育児費用（修了者自身が子どもの育児のために支払った費用）、ジョブ・コア・センターが他の教育訓練機関（ハイスクール、職業訓練機関等）に代替して教育訓練を行ったことによる公的支出の節約、犯罪率の低下による社会的利益、ジョブ・コア・センターの運営費が、費目として組み入れられている。このうち、最も寄与率が高いのは、修了者自身の収入である。

この極めて手厚い教育・訓練サービスにおいてもまた、白人貧困層は恩恵を十分受けてはいない。03年度現在の入所者の内訳を見ると、黒人48・9％、ヒスパニック16・9％に対して、白人は28・7％にとどまる⑺。白人が貧困層の45％を占めるアメリカにあって、ジョブ・コアへの白人青年たちの参加率は明らかに低い。この理由に関しては研究がなされておらず、推測せざるを得ないが、マイノリティーのためのセカンドチャンス提供機関としてアメリカ社会に広く浸透したジョブ・コアのイメージが、白人青年たちを敬遠させる大きな要因になっているのではなかろうか。半世紀ほど前まで続けられた人種差別政策は、ここにも影を落とし続けている。

見えない貧困

白人貧困層は、アメリカでの「見えない貧困」の典型である。自ら低賃金労働者の体験を経たバーバラ・エーレンライクが、アメリカにおいて「経済的に上位にある者の目には、貧しい人々の姿はほとんど映らない」と言うように、人種・民族・経済的地位によって分断されたアメリカでは、下流社会の問題を意識しないで過ごすこともある程度は可能である。しかしそれでも、肌の色の違う者の存在、言葉の異なる者の存在そのものを完全に視野から追い出すことはできない。

また、人種的・民族的差別意識すらも、その差別の対象となる者の存在自体を認めなければ持ち得ない。アメリカ社会に、黒人やヒスパニックというマイノリティーグループが存在していることは、誰もが日常的に認知する現実であり、彼らの多くが共通して直面する貧困問題も、その存在を通して意識することになる。そして、本稿ですでに明らかにしたように、彼らに対する積極的な支援・救済の措置は、莫大な政府予算を背景として連綿と続けられている。

しかし、郊外に点在する白人貧困層居住地域に住む者たちは、その姿をあえて捉えようとしなければ、いとも簡単に私たちの視野から姿を消す。政策的にも、彼らを中核対象としたものは見あたらない。

今、アメリカで最も希望を奪われた下流社会は、白人貧困層の中に形成されているのではなかろうか。『ガンモ』のタムラーが、「何もかもヘドが出る。こんな世の中を大人たちは何で変えられないんだ」と吐き捨てたアメリカ社会への問いかけには、まだ誰も満足に答えていないのである。

日本は安泰か

ああ、こんなアメリカに比べれば、日本はいい国だな。

ここまで本稿におつきあいいただいた読者の中には、こう思われた方も少なくないだろう。しかし、現実は残念ながらこのような見方を裏切っている。

以下の紙幅では、「ニート」として耳目を集める若年無業者の問題を事例としながら日米の比較を試み、それによって日本の下流社会の深刻な問題の一角に迫ることにしたい。若年期の無業状態が長引けば、近い将来、彼ら自身の生活基盤を脅かし、彼らは間違いなく貧困に苦しむことになる。当然のことながら、若年無業は、所得格差の拡大と社会保障システムの機能不全を招く要因でもある。若年無業に注目して日米比較を行う理由はここにある。

本稿ですでに指摘した「低学力―中退―低所得」のスパイラルの顕著なアメリカにおいて、若年無業者（16～24歳約519万人、当該年齢層の約15％［2001年現在］）のうち「ハイスクールあるいはそれ以前での中退者」の占める割合が著しく高い事実それ自体は、驚くべきことではないだろう（図2）。また、人種・民族別にみた場合、若年無業者の実数においては白人が多数派となることも、本稿でこれまでに整理した現実を再確認するにとどまる（図3）。

さて、ここで問題にすべきは、図2に示したような顕在型格差が実は日本でも確認できるという点である。マスコミにしばしば登場するニートと呼ばれる若者たちは、無業状態にある自分を客観視した上で、その悩みや想いを的確に言語化できる「大卒ニート」であることが多い。このため、彼らから経済的な逼迫感や学歴の壁を看取することは難しい。しかし現実には、日本における若年無業者の3分の1弱は高校中退（中学卒業）者によって占められ、若年無業者の家庭の多くは裕福とは言い難い状況にある（表2、図4）。経済的に恵まれ、高学歴で、「自

図2　若年無業者(非在学非就労者)と若年フルタイム就労者の学歴構成(16～24歳)

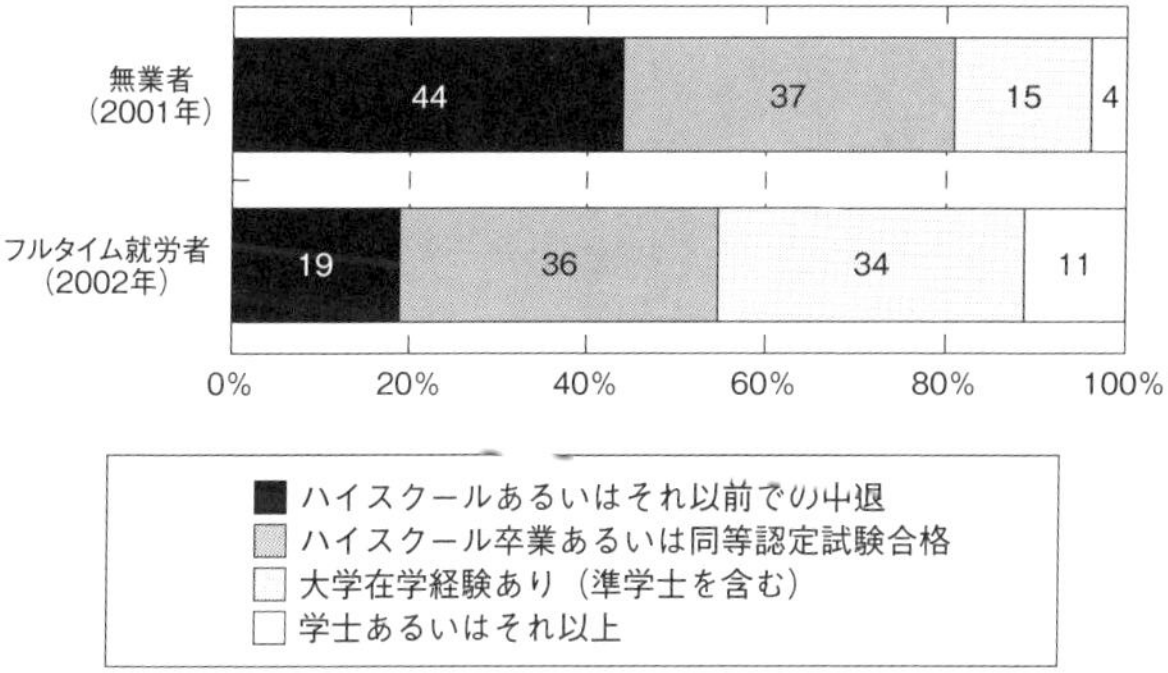

（資料）無業者データ：Northeastern University Center for Labor Market Studies, Left Behind in the Labor Market: Labor Market Problems of the Nation's Out-of-School, Young Adult Populations, 2002, Chart 8、フルタイム就労者データ：U.S. Census Bureau, Current Population Survey（CPS）Table Creator < http://www.census.gov/hhes/www/cpstc/cps_table_creator.html>

図3　人種・民族別にみた若年無業者数(16～24歳・推定値・2001年)

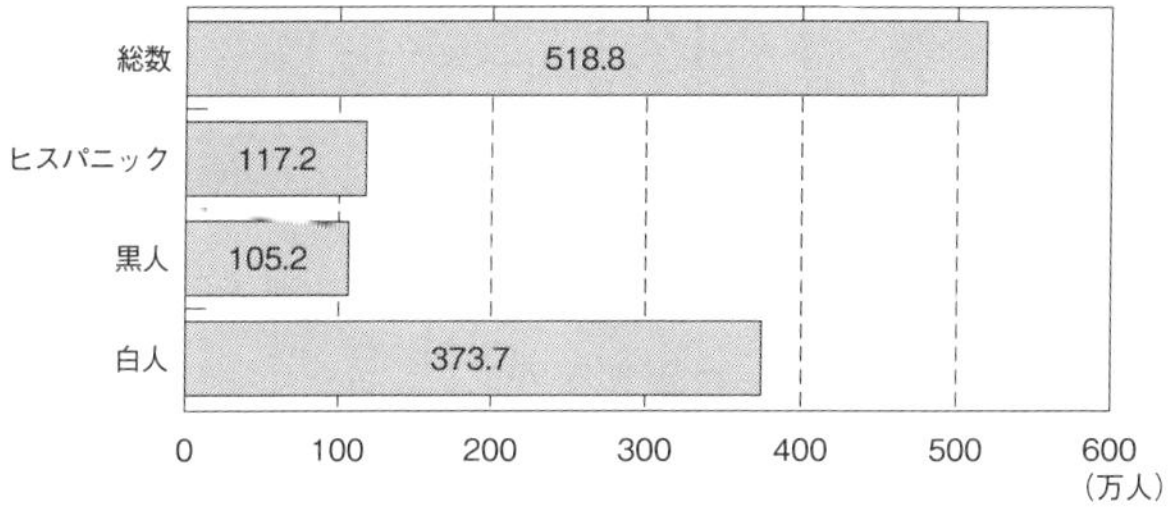

(注) 本グラフでは黒人・白人ともヒスパニックを含んでいる。
(資料) Northeastern University Center for Labor Market Studies, Left Behind in the Labor Market: Labor Market Problems of the Nation's Out-of-School, Young Adult Populations, 2002, Chart 5

分探し」の余裕があるゆえに職に就かない（就けない）という者は、日本の若年無業者の典型ではまったくない。

このような若年無業者をめぐって、日本が抱える最大の課題とは何か。

端的に言えば、「アウトリーチ政策」の脆弱さである。日本においても中退と若年無業との間に正の相関があることは疑いない。文部科学省は高校中退の理由に関する調査を継続してきているが、それを積極的な中退予防教育プログラムへと発展させる動きはこれまで十分ではなかった。中退の可能性が高い生徒への指導は、学校現場の教員の善意と熱意に大きく依存し、それを支援する外部機関も、専門家も準備されてこなかった。

また、経済的に恵まれない家庭への支援も、生活扶助や授業料等の減免にとどまり、アメリカの「Title I」に相当する教育プログラムを、国の強力なバックアップの下で展開しようという機運が高まりを見せることはあっても、それが本格的に施策化されたことは一度もなかった。彼らへの積極的な支援提供がむしろスティグマを残しかねないという「配慮」を大前提として、結局は無策のまま今日に至っている。

また、無業の状態に陥っている若者に積極的に働きかける仕組みづくりについても、2003年の「若者自立・挑戦プラン」以降、ようやく緒に就いたばかりである。彼らにとって、どのような指導や支援が最も必要なのか、手探りの状態が続いていると言えよう。その中には、

表2　若年無業者と若年一般労働者の学歴構成（%・15～34歳・2002年・日本）

	大卒	高専・短大卒	高卒	中卒
若年無業者（男女・15～34歳）	11.2	9.5	51.2	28.1
一般労働者（男・19歳以下）	−	−	93.0	7.0
一般労働者（女・19歳以下）	−	−	98.6	1.4
一般労働者（男・20～24歳）	25.5	17.4	53.6	3.5
一般労働者（女・20～24歳）	18.8	43.7	36.8	0.7
一般労働者（男・25～29歳）	39.6	14.4	43.2	2.8
一般労働者（女・25～29歳）	24.4	41.4	33.5	0.7
一般労働者（男・30～34歳）	38.3	13.4	45.3	3.0
一般労働者（女・30～34歳）	17.8	37.9	43.0	1.3

（資料）若年無業者データ：労働政策研究・研修機構『若者就業支援の現状と課題――イギリスにおける支援の展開と日本の若者の実態分析から』2005，図表Ⅱ－1－13、一般労働者データ：厚生労働省「平成14年賃金構造基本統計調査（全国結果）の概況」2003，付表8

ジョブ・コアの発想にも通底する1サイクル3カ月間を原則とする合宿形式プログラムがあり、25の民間団体により実施に移されているが、1サイクルあたり20万～30万円の自己負担額が設定され、低所得層に対する減額は数万円にとどまっている（06年度現在）。

前途多難の可能性

アメリカの貧困白人層は、手厚い支援の網からこぼれ落ちている。マイノリティーグループが直面する激烈な格差問題解消が優先され、実数では無視し得ない白人における経済的困窮のスパイラルを食い止める措置は立ち後れたままである。しかし、人種差別の負の遺産に正面から向き合ってきた歴史は、白人貧困層を対象に今後とるべき方策を生む基盤

図4　親と同居している若年無業者と若年正社員の世帯全体の年収（15～34歳・2002年・日本）

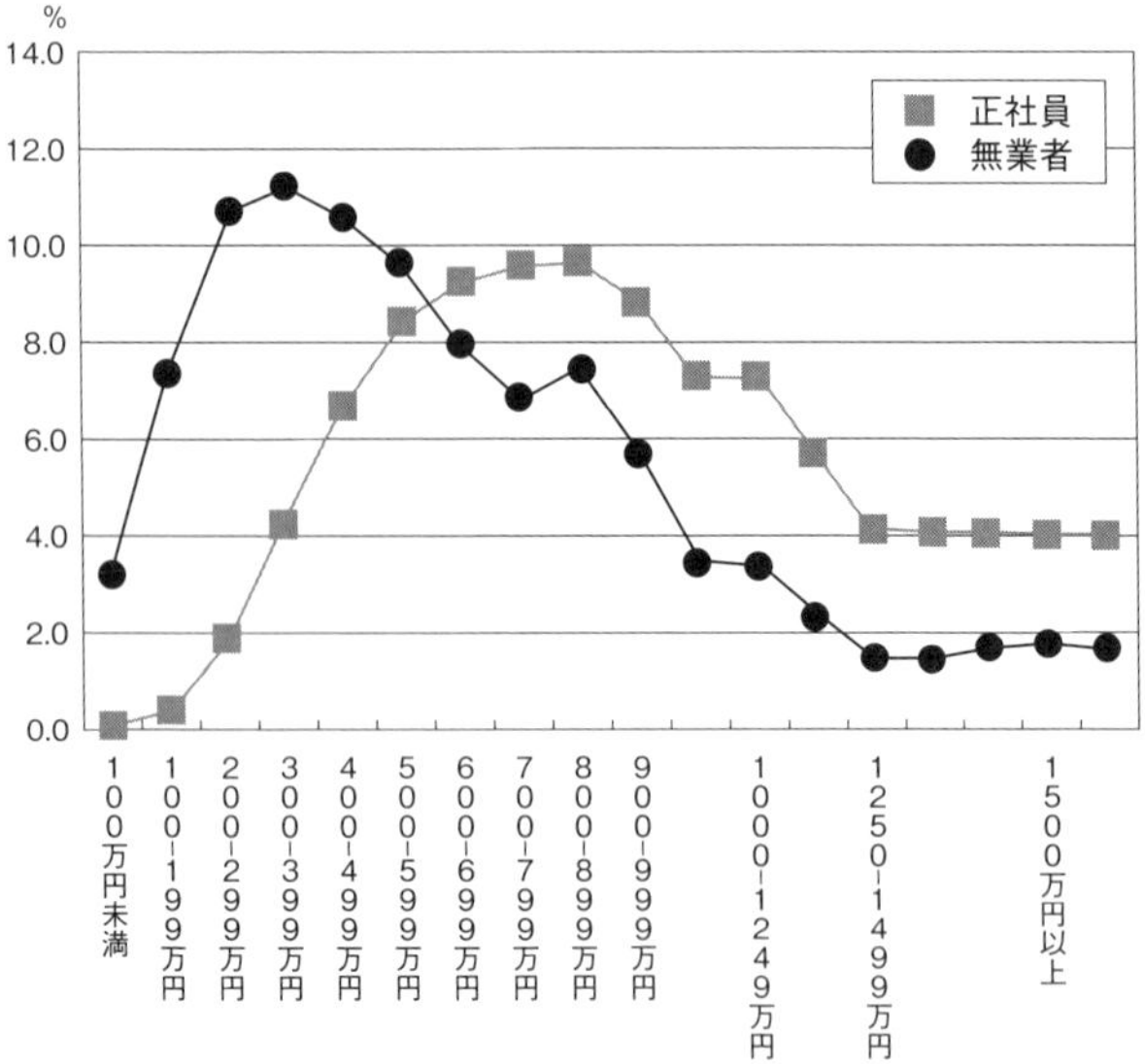

（資料）労働政策研究・研修機構『若者就業支援の現状と課題―イギリスにおける支援の展開と日本の若者の実態分析から』2005, 図表Ⅱ－1－14

としてアメリカを支えることになるだろう。

一方、日本では、若年無業者に「ニート」という名前が与えられて社会問題となりながら、その実像についてはこの1~2年でやっと輪郭が浮かび上がってきた段階に過ぎない。ニートに先行して日本語としての市民権を獲得した「フリーター」についても同様だろう。ニートやフリーターにならないための手だても、そうなった後の支援も、草創期のおぼつかない歩みを見せている段階である。

前途が多難なのは、これまで格差社会を是正する術を編み出してこなかった日本の方かもしれない。


【注】
(1) U.S. Census Bureau, Current Population Survey (CPS) Table Creator (なお、アメリカの統計で言う「貧困」とは、連邦行政管理予算局 (Office of Management and Budget) の統計指針が定める基準により、世帯の総人数や18歳未満の子ども数等によって特定されるものである。例えば2004年の基準では、大人3人子ども2人の5人家族の場合、世帯収入が2万3108ドルに満たないケースが「貧困世帯」として見なされ、家族4人で子どもがいない場合には1万9484ドルがそのボーダーラインとなっている)

(2) U.S. Census Bureau, U.S. Interim Projections by Age, Sex, Race, and Hispanic Origin 〈http://www.census.gov/ipc/www/usinterimproj/〉

(3) Institute of Education Sciences, National Assessment of Title I Interim Report: Executive Summary, U.S. Department of Education, 2006, Exhibit E-5 (p.18)

(4) アメリカで公立初等中等学校は、学校区(school district)と呼ばれる地方教育委員会の管轄区ごとに管理され、全米ではおよそ1万5000の学校区がある。学校区の物理的範囲・区画は、市町村と必ずしも同一ではなく、行政上は市町村から独立しているのが通例である。ここで言う「大規模学校区上位100」とは、生徒数に基づく全米順位の上位100学校区を意味し、そのほとんどは大都市に位置する。

(5) U.S. Department of Education, Characteristics of the 100 Largest Public Elementary and Secondary School Districts in the United States: 2000-01, 2002, Table13(この結果は100学校区のうち、データが得られた89学校区に関するものである。)

(6) McConnell, S. & Glazerman, S., National Job Corps Study: The Benefits and Costs of Job Corps, Mathematica Policy Research, Inc., 2001

(7) U.S. Department of Labor, Job Corps Annual Report: Program Year July1, 2003 - June 30, 2004, 2004, p.58

パリ郊外に広がるファスト風土

第７章

古いヨーロッパ・フランスは抵抗する

鳥海基樹（首都大学東京准教授）

1. 国土はフランチャイズ化されファスト風土が田園をむしばむ

古いヨーロッパをむしばむアメリカ文化

「ドイツやフランスがヨーロッパ全部のように思っているかも知らんが、そうじゃない。あいつらは古いヨーロッパだ」

2003年1月24日、ドナルド・ラムズフェルド米国防長官（当時）は、イラク攻撃に抵抗する独仏にいらだちこう啖呵《たんか》を切ってみせた。しかし、後に恥をかくのはこのネオコン政治家の方である。結局、イラクには大量破壊兵器はなかった。そこで本章では、やや類推をたくましくして、古いヨーロッパはアメリカのネオリベ＝グローバル化路線による国土のフランチャイズ化と田園のファスト風土化にも抵抗し、それが最終的には理にかなっていると考えられることを論じてゆこう。ここでも、ねばりづよい査察＝制御の道があることを示したい。

ところで、イラク攻撃開始直前の03年3月11日、米連邦下院食堂は、今後フレンチフライをフリーダムフライと呼ぶと発表した。かなり恥ずかしい。というのも、フレンチフライ＝フライドポテト（ちなみにこの言葉は和製英語）はフランスではなくベルギー発祥で、それをフレンチフライと呼んできた史実こそ恥じるべきだからだ。

ただ、もっと忘れてはならない歴史がある。フライドポテトは新大陸でハンバーガーという最強の同盟相手に出会ったことだ。そして今日、その同盟はマクドナルドに代表されるジャンクフード軍団としてヨーロッパに謀叛を起こしている。アメリカン・ファストフードが燎原の火のごとく古いヨーロッパを焼きすすんでいるのである。

わたくしたちは、古いヨーロッパ＝グルメ＝スローフードという連想をしがちだが、1986年に始まったスローフード運動の背景にはローマへのマクドナルドの侵攻があることを思いだそう。つまり、スローフードはヨーロッパの自律的運動ではなく、アンチ・アメリカ文化の文脈上にある。そして、このジャンクフード軍団は古都ローマ（しかも映画『ローマの休日』で有名なスペイン階段の直近！）にまで進出するのだから、他の古いヨーロッパ都市への攻撃は推して知るべしだ。また、食文化だけではなく、ハリウッド映画もロックもリーバイスもおくれを取るまじと旧大陸に進軍する。

イラク侵攻時にはネオコン・ネオリベの新しいアメリカに一泡ふかせた古いヨーロッパだが、日常生活は確実にアメリカ文化にむしばまれつつある。

アメリカ化＝グローバル化という図式

ただ、古いヨーロッパでは、少なからぬ人々がマックやケンタの増殖を苦々しく思い、レジスタンス運動を起こす良識をもっている。スローフード運動はその典型だ。

ところで、思うにアメリカの食文化が嫌われるのは、ファストかスローかというスピードが理由ではない。イタリアにはピザ、イギリスにはサンドウィッチなどのファストフードがあり、それらが越境してきても人々は嫌悪感をいだかない。なのになぜアメリカン・フードだけが嫌われるかというと、なによりそれを歩いて食べにゆけないという歴史的身体感覚への違和感があると思われる。事実、1989年にイタリアで発せられた「スローフード宣言」は、まず最初に自動車を糾弾しつつ、かくのごとく始まるのだ。

「我々の世紀は、工業文明の下に発達し、
まず最初に自動車を発明することで、生活のかたちを作ってきました。
我々みんなが、スピードに束縛され、そして我々の慣習を狂わせ、
家庭のプライバシーにまでに侵害し、〝ファ《ママ》ーストフード〟を食することを強いる
〝ファーストライフ〟という共通のウィルスに感染しているのです。
いまこそ、ホモ・サピエンスは、この滅亡の危機へ向けて

突き進もうとするスピードから、自らを解放しなければなりません。」
（島村菜津『スローフードな人生！――イタリアの食卓から始まる』より）

アメリカン・フードは、車で出かけるかケータリングを頼まなければ食べられないというイメージが強い。他方、ヨーロピアン・ファストフードは中心市街地で徒歩でありつけ、食前に小腹を空かせるにも食後の腹ごなしにも適度な運動をともなう。これこそ、グローバル化した自動車社会では失われてしまう人間の生理である。

そう、問題はグローバル化が脅かす身体感覚なのではないか。そして、古いヨーロッパの反応は日本とよく似ていて、グローバル化＝アメリカ化と考える傾向がある。アメリカン・フードを快く思わない古いヨーロッパは、その背景にグローバル化の引きおこすうさんくささを直感しているのである。事実、古いヨーロッパの多くは農業国で、グローバル農業資本の遺伝子組換え作物への反対に見るように、食の安全性への関心がとりわけ高い。

1999年8月12日、南仏ミヨーのマクドナルドが襲撃された。欧州連合が米国産ホルモン剤肥育牛の輸入を安全性を理由に禁止にしたところ、アメリカが対抗措置として欧州産食品に100％の報復関税をかけたことに農民たちが憤ったためである。ただ、この襲撃を率いた農民運動指導者ジョゼ・ボヴェは、単に自らの生産物が報復関税の対象となったから行動を起こしたわけではない。その農夫然とした風貌からは想像しがたいが、ボヴェは両親がカリフォルニア州立大学バークレー校で研究員を務めたインテリ家庭の出身で、自身はボルドー大学で哲学を学んでいる。過激な行動は彼ならではの戦略で、本当のねらいは農業のアンチ・グローバル化、そしてつまるところは食の安全性の確保にある。マクドナルドは最もわかりやすいアメリカ文化の記号で、つまりは最もわかりやすいグローバル化の記号として破壊されたのである。

グローバル化が加速する国土のファスト風土化

ただ、心ある人々の抵抗にも限界があり、実体的な都市空間に目を転じてみると、グローバル化の爪痕は明白だ。中心市街地ではグローバル資本傘下のチェーン店が昔ながらの商店街におしよせ、郊外には自動車以外ではアクセスできないアメリカンなショッピングモールが増殖している（図1）。とりわけ、後者は深刻だ。城壁都市を起源とする古いヨーロッパの都市にとって、アーバン・スプロールに乗じるばかりかそれを加速させる郊外大規模店舗は、環境問題や都市問題を悪化させる悩みの種なのである。

この問題に最も敏感なのがドイツで、その一連の対策は２００６年の日本の中心市街地活性化法関連諸法策定に大きな影響を与えた。他方、ラムズフェルド国防長官が古いヨーロッパと断じたもう一つの国・フランスでも、郊外大規模店舗は伝統的なコンパクト・シティの形態を

図1　モータリゼーション、高速道路網、大規模流通業、そして都市スプロールのあいだの連関曲線

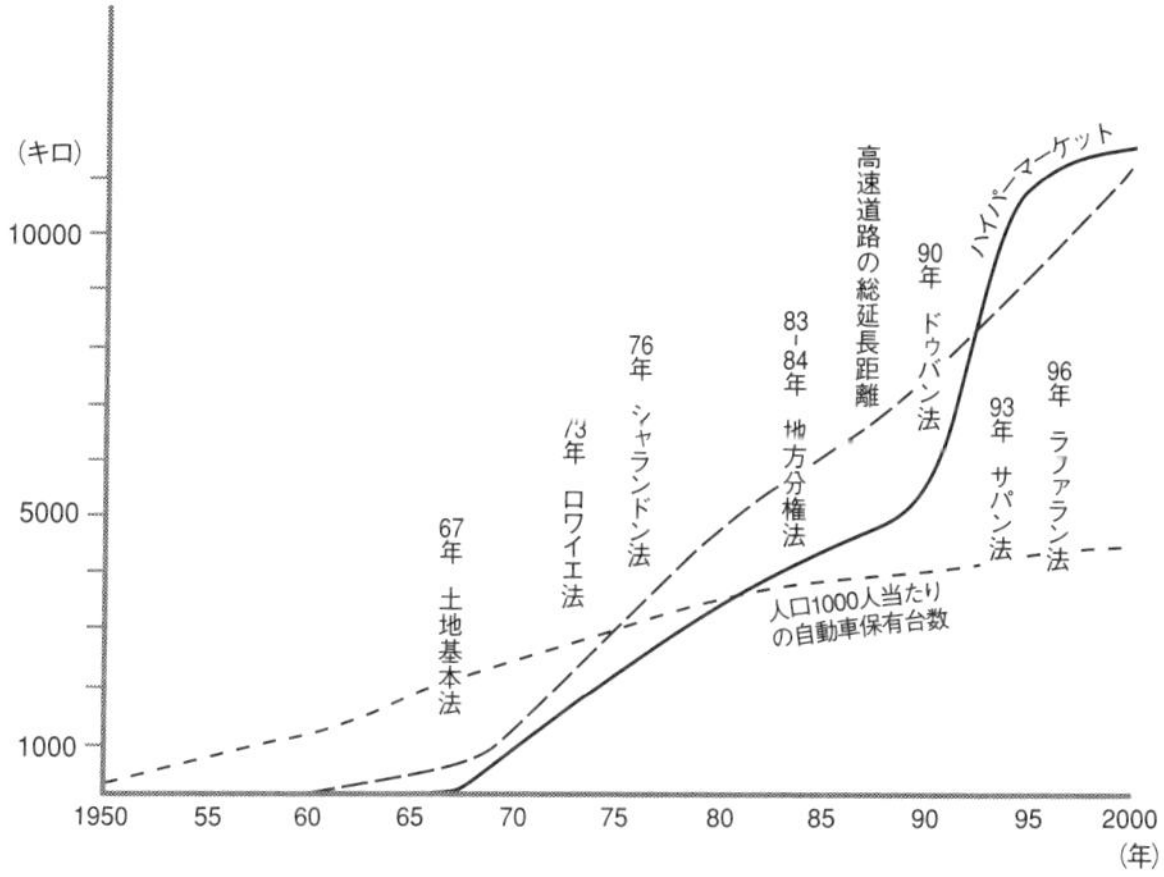

フランスにおける高速道路網の整備は1960年代初頭に始まり、今日総延長は11000kmに及ぶ。それが1960年代後半からハイパーマーケット（フランスでは2500㎡以上の大規模店舗をさす）の増加を牽引したことがわかる。そして、グローバル化の進行は1990年代前半にハイパーマーケットを激増させ、2003年現在1264に達している。1990年代後半からの成長の鈍化は後述のラファラン法の影響による。また、2004年現在では、人口1000人当たり596台の自動車が保有されている。なお、高速道路以外は増加イメージを表す（© Philippe Renoir、ダヴィッド・マンジャン『フランチャイズ化される都市』より）

溶解させる都市設計的問題として、さらには近隣コミュニティを崩壊させる都市社会学的問題として受けとめられている。

これは、フランスで郊外（banlieue）と言ったときのネガティブ・イメージが強烈であることに増幅される。05年10月から11月のパリ郊外を中心とした都市暴動は、フランスにおける移民、失業、宗教、人種、あるいは格差問題の深刻さを世界に知らしめた。イギリスの郊外（suburb）などと異なり、フランスの郊外は下流社会の負の記号で満たされていて、そのような空間の拡大再生産の阻止が課題となっている。だから、それを助長する郊外大規模店舗はできればご免こうむりたい存在なのである。

とはいえ、フランスは**表1**に示すように、03年現在で人口1000人当たりの道路延長が14・91㎞とわが国の9・29㎞を大きく上回っている。04年現在の人口一人当たりの自動車保有台数も、0・596台とわが国の0・585台とおおよそ同じ自動車大国で、プジョーやルノーといった自動車産業の強い国である。また、やや古い統計だが、1997年現在の交通手段別分担率では自動車が84・4%と圧倒的な割合を占めており、8・8%の鉄道や5・1%のバスに大きく差をつけている。したがって、ロードサイド・ビジネスが伸張するのも道理で、フランス資本の大規模流通グループ・カルフールが日本にまで市場を拡大してきたのも首肯できる。人々はもはや交差点（フランス語で「カルフール」）で待ち合わせをすることはなく、カ

表1　道路整備・自動車保有に関する日仏比較
（2003年［自動車保有台数は2004年］）

	日本	フランス
面積（1000km²）	378	552
人口（1000人）	127655	60496
人口密度（人／km²）	342	110
道路延長（km）	1187638	891290
人口1000人当たり道路延長距離（km）	9.29	14.91
自動車１台当たり道路延長距離（m）	16.0	25.0
道路密度（km／km²）	3.19	1.62
舗装率（％）	78.6	100
自動車保有台数（1000台）	74050	36039
人口１人当たり自動車保有台数（台）	0.585	0.596

（財団法人矢野恒太記念会『世界国勢図会2006/07年版』から作成）

ルフールで待ち合わせるのである。

『フランチャイズ化される都市』

本書の編著者・三浦展氏が、わたくしに一冊の書物を送ってくれた。『La Ville Franchisée—Formes et structures de la ville contemporaine』、邦訳すると『フランチャイズ化される都市——現代都市の形態と構造』。著者はダヴィッド・マンジャン。2004年、パリ中心部のレ・アール地区の再開発コンペで、ジャン・ヌーヴェルなどの世界的に有名な建築家たちをおさえて最優秀賞となったことで一躍名をはせた建築家だ。わたくしは当初、この本の抄訳の本書転載を依頼されたのだが、内容が抽象的なので解題解説が必要となった。なので、以下はマンジャン理論のみならず、わたくしの見解も少なからず混ざっているという前提でお読みいただきたい。

ところで、読者は単語 franchise の語源をご存知だろうか。中世、この言葉は自治都市が国家から獲得した自由な権利を意味していた。これは今日のフランチャイズの状況を言い得て妙である。政治におもねり一度出店の権利を獲得してしまえば、あとは好き勝手にビジネスを展開できるのだ。こうして、国土はフランチャイズ化されファスト風土が田園をむしばむ。

実際、数字は雄弁だ。2003年の統計によれば、フランス全土にあるショッピングモールの数は567、面積が2500㎡以上のハイパーマーケットが1264、300㎡から2500㎡のスーパーマーケットが5616、ディスカウントショップが3207、大衆向けのデパートが2774、そして高級デパートが117となっている。なかでもハイパーは食料品小売り売上高の19・3%、非食料品商品のそれの12・4%を占めるに至っているし、大規模流通業の決算の14・5%はスーパーが達成している。人々は、平均で年38回ハイパーにゆき、一回につき26・8ユーロを支出するというから、バカンス以外の週末はたいてい大規模店舗で買物をしているとも考えられる。そして当然ながらその結果、中心市街地の近隣商店街の衰退問題が起きている。事実、フランスでは総売上高の70%が郊外でうみだされる一方、都市内のさまざまな界隈では10%、中心市街地では20%にすぎないのである（ちなみに、ドイツではこれら三者の割合はそれぞれ30%・40%・30%である）。

マーケティング・オブリージュ

では、なぜフランスで郊外大規模店舗が成功しているのか。マンジャンによれば、それが住宅地のスプロールに先行してきたことが大きい。1960年代、ハイパーはマイカーを手に入れた新消費者層をターゲットにして成長をはじめたが、それは商店に事欠くニュー・タウンからだけではなく、中心市街地や村落もふくめた全方向からの客をつかまえることから着想された。こうして、近隣の商店街を焼きはらってしまえば、あとは郊外でやり放題なのである。

そもそも、薄利多売のハイパーは中心市街地が苦手だ。地代は高いし、駐車場はとれないし、おまけに目の肥えた人々の財布のひもは固い。だから、大規模流通グループは競って下流社会がスプロールする郊外に店舗をだす。

そして、今度は郊外大規模店舗の間で争いが始まる。そのため、建物の外装を見ただけで店名がわかり、店名を聞けば建物が思い浮かばなければならない。ゆきつくのは、建物自体が広告で飽和したパッケージン建築である。建築家マンジャンは、この状況をノブレス・オブリージュ（貴族の義務）をもじってマーケティング・オブリージュと揶揄《やゆ》する。ファスト風土の景観は、グローバル化した商業戦略に強制され、ヨーロッパでもアメリカでも日本でも同じになってゆくのである（**図2**）。

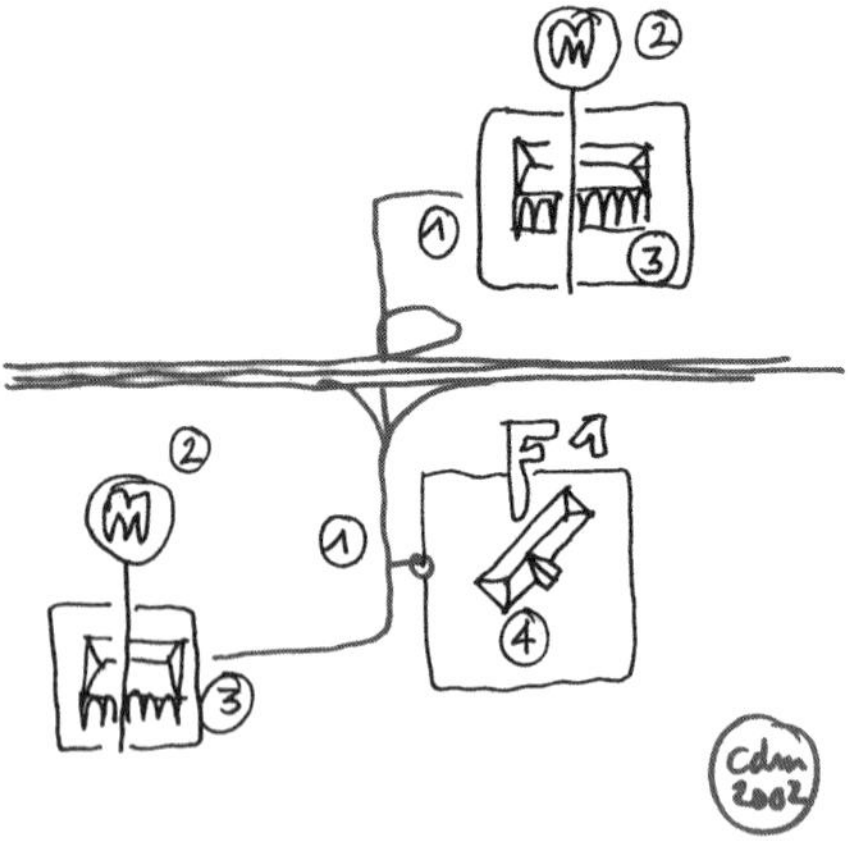

図2　マーケティング・オブリージュのイメージ
フランチャイズ化された建築は、道路から①アクセスでき、②見ることができ、③再生産ができ、④広々としていなければならない（©David Mangin、『フランチャイズ化される都市』より）

巨大グループの戦略を暴く

ここで、マンジャンが暴く意外と知られていない巨大グループの戦略を見てみよう。

①イケア　8億ユーロの総売上高と9200万部のカタログ配布実績を有するスウェーデンのイケア・グループは約2億人の顧客を擁する。グループは1万点もの商品を手頃な価格で提供しているが、その特徴はなにより巨大主義にある。1万4000㎡の売場面積を持つ2万㎡の巨大店舗に1000台の駐車場、最低100万人の住民を擁する商圏に、1時間以内で店舗に来られるアクセシビリティーが売りなの

である。

店舗は世界中で標準化されている。なにより大事なのは、1時間で５００台から８００台をさばく駐車場だ。それは、総売り上げの55%をたたきだす週末に、他店と競合しないように自前のものでなければならない。

次に、ブルーの地《じ》に黄色でIKEAのロゴを描いた巨大なボックス型のパッケージ建築を用意する。内部の動線も決まっていて、まずは客を巨大な迷路の上に連れてゆき、道順を決めさせる。次に、この迷宮をさまよわせ、違った雰囲気の中で同じ目玉商品を10回以上見せる。こうして20%の展示商品で総売上高の80%を稼ぎだすのである。

確かに、客は中心市街地での買物よりも20%の節約ができるが、財布のひもが緩んで予算の数倍の浪費をし、家族にとって貴重な午後をまるまる潰していることには気づかない。
②マクドナルド　マクドナルドがフランスに上陸したのは１９７４年のことである。今日、フランスはヨーロッパではイギリスにつぐ店舗数を誇るマック・ファミリーの優等生だ。全土に９５０の店舗があり、99年の調査では１２０店が中心市街地、70店がショッピングモール内、６００店がドライブ・インの形式をとっている。ドライブ・イン店舗は、グループの総売上高の55%を稼ぎだしていている。だから、重要なのは交通量で（中心市街地では年間9万人の顧客しか得られないが、有名観光ルートであれば1店舗で年間20万人を達成できる）、さらには顧客層を

ファミリーに絞っている以上、住宅地の近傍が好まれる（総売上高の62％を生み出し、一人平均8ユーロを消費してくれる）。

マクドナルドは、地方のショッピングモールの来店者数を10％増やしていると豪語しているが、出店権取得や場所取りが面倒なこの手の立地の優先順位は高くない。むしろグループは、ブランド名を武器に単独で郊外に出店することにしている。こうして娯楽のはとんどない地域の若者にたまり場を提供するのだ。大規模人口集積地ではすでに飽和状態なので、今後は中規模都市や人口1万5000人以下の小規模都市もターゲットとされ、2003年には65店がそのような場所で開店している。

ショッピングモールが狂わせる犯罪感覚

三浦展氏は本書冒頭で、「ショッピングセンターにうずたかく積み上げられたおびただしい数の物を見たとき、そこから一つくらい盗んでも誰も困らないだろう、と思う人がいたとしても不思議ではない」と述べ、大量浪費空間の突如出現による現実感覚の変容を嘆いている。

もちろん、ファスト風土化と犯罪増加との直接的因果関係は実証されていないが、統計上の平行性があることは確かだ。そして驚くべきことに、マンジャンもフィリップ・ロベール著『フランスの治安崩壊』を引きながら、ショッピングモールが犯罪感覚を狂わせることを嘆いているのである。

ロベールは、窃盗や暴行の大幅増加の問題を「あぜ道の社会性から道路網の社会性への移行」と、公共空間と私的空間の区分のある種の混乱という空間的記述におきかえる。

一方で、郊外居住をすすめる近代都市計画と度重なる経済危機が、郊外の団地を若年層と失業者層の姥捨山《うばすてやま》にしてしまっている。2005年初冬の郊外暴動の際にも報じられたが、このように疎外された下流社会に住む若者たちは就職もできず、犯罪に堕ちてゆく。そこにはコミュニティを育む「あぜ道」はもうない。他方、そのような郊外で発達した道路網で容易にアクセスできるショッピングモールは、「私的空間でありながら誰でも入ることができるし、商品も私財でありながら購買を容易にするために自由に手にとれる。大の大人がスーパーマーケットで『パチったり』『クルマを失敬し』たりして、他人のものを盗んだと非難されると驚きを隠さない始末なのである」(前掲『フランスの治安崩壊』)。その結果、軽犯罪のおきる場所がわからなくなり、警察自体が困惑している。その上、コミュニケーション・ネットワークのモバイル化は初動捜査の能力を低下させている。

まるで日本と同じではないか。もちろん、日本の地方ではフランスの郊外のような社会的疎外の問題は濃厚ではない。しかし、グローバル化の究極の姿として建設され、匿名性が幅を利かせる道路網とショッピングモールが、下流社会正規軍や予備軍の若者たちの犯罪感覚を狂わせるという主張が、洋の東西を問わず見られることに、背筋が凍る思いをするのはわたくしだけではないはずだ。

中心市街地もフランチャイズ化されてゆく

とはいえ、フランス人が郊外大規模店舗で過ごす時間は短くなっている。2002年3月22日の『ル・モンド』紙によれば、国民一人が一週間にハイパーマーケットに滞在する時間は、1980年には約90分間だったものが約50分間に減少している。これは効率的買物環境が整ったのではなく、単に客離れが進行しているからだ。

そこで、大規模流通グループは、インターネット・ショッピングにくわえて中心市街地に目をつけはじめている。たとえばパリでは、かつてワイン集積場のあった東部のベルシー地区の再開発に際し、場所の記憶を活かしていくつかのワイン倉を保全的に刷新した地下鉄アクセス型のショッピングモールが建設された。また、地下鉄中央駅シャトレーにある地下ショッピングモールの再編が最近の都市計画のトピックスとなっている。つまるところ、郊外から都心型大規模商業施設へ人の流れを逆流させる新たなビジネス・モデル構築の試行が続いている。そして、この2004年の再開発コンペの勝者こそ、郊外型ショッピングモールを糾弾するダヴィッド・マンジャン、その人だ。

表2　パリで増減率の大きな業種

順位	増加		減少	
	業種	増加率（%）	業種	減少率（%）
1	ミニ・スーパー	39.0	印刷屋	18.9
2	アジア惣菜店	22.8	文房具店	16.9
3	土産物店	20.5	電器屋	16.3
4	スポーツ用品店	15.0	金物屋	15.1
5	美術ギャラリー	11.7	薬屋	15.1
6	小規模ディスカウント店	10.5	魚屋	13.7
7	メガネ販売店	6.3	香水販売店	12.8
8	時計・宝石店	3.1	肉屋	12.5
9	皮革・靴店	1.7	総合食品店	11.8
10	セックス・ショップ	1.7	ガレージ	11.1

しかし、問題がないわけではない。たとえば、役所はしばしば大規模流通グループが誘致に応じてくれる見返りに歩行者優先区域を創設する。ぶらぶらしながら買物できる環境を整備することで出店に報いるのである。しかし、こうして保護された界隈では、個人経営の商店の生き残りを根絶しながら、大手グループのミニ・スーパーやフランチャイズ化されたクリーニング屋、合鍵屋、靴の修理屋などが増えることとなる。たとえば、パリの04年の商業統計によれば、その傾向が一目瞭然だ（**表2**）。

増加率第1位のミニ・スーパーはフランチャイズ化されたものがほとんどで、120㎡から299㎡の面積なので、後述する商業都市計画による許可を必要としない。反面、減少業種に見るように、肉屋や魚屋といった近隣向けの食料品店が数を減らしている。

こうして中心市街地は、露天版フランチャイズド・ショッピングモールに還元される。大規模流通グループのねらいは、中心市街地活性化ではなく新たなビジネス・チャンスの創出だから、郊外で実験して減価償却した製品の大量供給効果を探求しながら中心市街地への再投資をしているにすぎない。少しでも業績が悪化すれば店はたたまれ、シャッター商店街だけが残される。郊外で見られた焼き畑式商業が中心市街地でも行われているだけなのだ。

国土はフランチャイズ化されファスト風土が田園をむしばむ

ファスト風土化を惹起するのは商業だけではない。オフィスや工場、研究機関も中心市街地を捨て、ビジネス・パークやインダストリアル・パークといった郊外の人造空間に移転してゆく。たちが悪いのは、中心市街地の衰退を嘆きながらも自治体みずから「テクノポール」（日本でいうリサーチ・パーク）などの建前で郊外化をすすめていることだ。マンジャンによれば、こうして形成された郊外の公設第3次産業拠点は国土の1％を占める。しかし、人々は高密都市でしか享受できないサービスを求めるので、多くの郊外型拠点は企業誘致がままならず苦境におちいっている。

観光やレジャーも同様だ。かつては、手っとり早く、ちょっとした出費で、そこそこ楽しめる外出型の娯楽は中心市街地での買物や映画鑑賞だった。今日、それらも郊外化し、レジャー・パークやシネコン、そしてドライブ・イン・ホテルに取ってかわられている。これらは当然グローバル資本のフランチャイズで、業績がかんばしくなければとっとと店をたたむ。

　さらにマンジャンによれば、フランチャイズする側も問題を抱えている。大規模流通グループ間の競争は激化する一方で、合併や買収をくりかえしいくつかのメジャー・グループの寡占状態が出現している。また、グローバルな市場原理で行動する資本は、短期的な株主価値の向上しか眼中にない。健全な競争が成立しないからサービスはぞんざいになるし、長期的ビジョンをもった経営もされにくい。

　強盛弱衰の生き残り戦争に放りこまれた都市は、とりあえず手っとり早く勝利をもたらしてくれる巨大グループの傘下に入る。議員は法人税収の源泉を、市民は働き口を、そして地主は優良な借り手をそこに見いだす。数年後、フランチャイズの解消通告をつきつけられることも知らずに、しばしの宴に酔い痴《し》れる。その結果、地方文化の多様性を失い、伝統とか誇りとか、地域に根づいたものをむしろ障害として認識する論理に飼いならされてゆく。

　つまるところ、国土はフランチャイズ化されファスト風土が田園をむしばむ。

2. マンジャンは提案する

脱フランチャイズド・シティのための三つのコンセプト

古いヨーロッパでは着実に都市のフランチャイズ化が進んでいる。しかし、古いヨーロッパはそれに健全にいらだっている。そこで以下では、マンジャンによる建築的提案と、わたくしが調査した都市計画のがんばりを見てゆこう。

マンジャンはまず、都市計画を「現実の都市計画」「幻想の都市計画」「可能なことの都市計画」の三つに分類している。現実の都市計画とは、これまでに見てきたような自動車至上主義の都市計画である。他方、幻想の都市計画は、公共交通や自転車、そして歩行者への絶対的優先権の付与を主張する都市計画である。しかし、これは非現実的だ。車のない都市社会が到来する可能性はほとんどないからである。

そこで探求しなければならないのが「可能なことの都市計画」である。マンジャンはそのために三つのコンセプトを提案している。セクト化の都市計画ではなく道づくりの都市計画、セキュリティの保証された環境の連続体ではなく通り抜けられる都市、そして雑種都市である。マンジャンの提案はやや抽象的なので、実例を織りまぜながら見てゆこう。

セクト化の都市計画から道づくりの都市計画へ

セクト化の都市計画とは、その名のとおり空間的にセクトを形成してしまう都市計画である。たとえば、郊外大規模店舗は自動車所有者しかアクセスできないセクトだし、都市内でも周囲と無関係に建設されて浮いてしまっているセクトがあまたある。そして、そのような空間はフランチャイズ化され、地域性や場所性はやっかいものとして土地の記憶から抹消される。

その対極とも言えるのが、道づくりの都市計画だ。それは、読んで字のごとく、自動車用の「道路」ではなく、誰もがアクセス可能な「道」をこしらえる街づくりである。そして、それはまず、既存の空間との接続を考える。つまりは、地区の歴史を理解することである。

マンジャンはここで、2004年の設計コンペで最優秀賞をとったパリのレ・アール地区再開発案を引きあいに出す（**図3**）。現在のレ・アール公園は周囲との関係はほとんど考えられておらず、都市の中の浮島のような存在だ。だから、とりわけ夜はあやしげな連中にセクト化されてしまう。そこで、周囲に散在するモニュメントを公園内で結びつける道づくりの都市設計が提案されている。そのことで人の流れがうまれ、空間が脱セクト化されるというのである。

今日、レ・アール公園の東側、とりわけ地下鉄シャトレー駅からポンピドー・センターにむかう道は、観光客相手のマックやケンタが席巻している。マンジャン案による再開発で旧来の商店がもどってくるか、見ものである。

ただ、マンジャンは、この都市計画が最も必要とされているのが都市の郊外であるとする。

図3　2004年のレ・アール地区再開発コンペで最優秀賞をとった「マンジャン案」——周囲に散在するモニュメントを、レ・アール公園内で結びつける「道づくりの都市計画」を提案している（デッサンはSeura、『フランチャイズ化される都市』より）

というのも、建設が年々進むのは大部分がこれらの場所だからだ。フランスで都市化されているのは国土の8％に過ぎないから、問題は空間の浪費ではない。むしろ、既存都市と郊外の間の道路網を無理のないかたちで接続し、自動車よりも歩行者や二輪車で近隣サービスへアクセスすることが可能になるような空間をつくることが重要なのである。そうすることで、一部セクトに独占されない開かれた街ができるはずだ。

セキュリティの保証された環境の連続体から通り抜けられる都市へ

1963年、イギリス政府は自動車社会に都市空間を適応させるため、ある報告書を出版した。ブキャナン・レポート。今日でも都市計画家のバイブルとされている。そこで提唱された、自動車交通を制限した安全地帯を自動車道路網で囲む「居住環境エリア」は世界中で適用されてきた。しかし、こうして多くの都市が、通り抜けのできないセキュリティの保証された環境の連続体に還元されてしまったのである。

これに対しマンジャンは、通り抜けられる都市こそが安全であるという逆説を提示する（図4）。フランスでは依然として年間8000人の人々が交通事故で亡くなっているから、行政もさまざまな対策をうちだしている。ところが、マンジャンに言わせると、40年も前にイギリスで考案されたコンセプトのもと、都市計画行政が推し進める専用道方式こそが事故を呼びこんでいる。確かにフランス中で、ローラースケート、自動車、公共交通、あるいは自転車の専用道が増殖している。しかし、この方式では各々の交通手段が最高速度をだすことが可能で、自分の専用レーン以外を横断する際の危険性はこの上ない。確かに中心市街地のいくつかの場所での専用道設置は有用だが、それを全面的に展開するのはかえって危険なのである。

子どもをはじめとする歩行者の保護のためには、むしろ道路は混合使用されている方が良い。

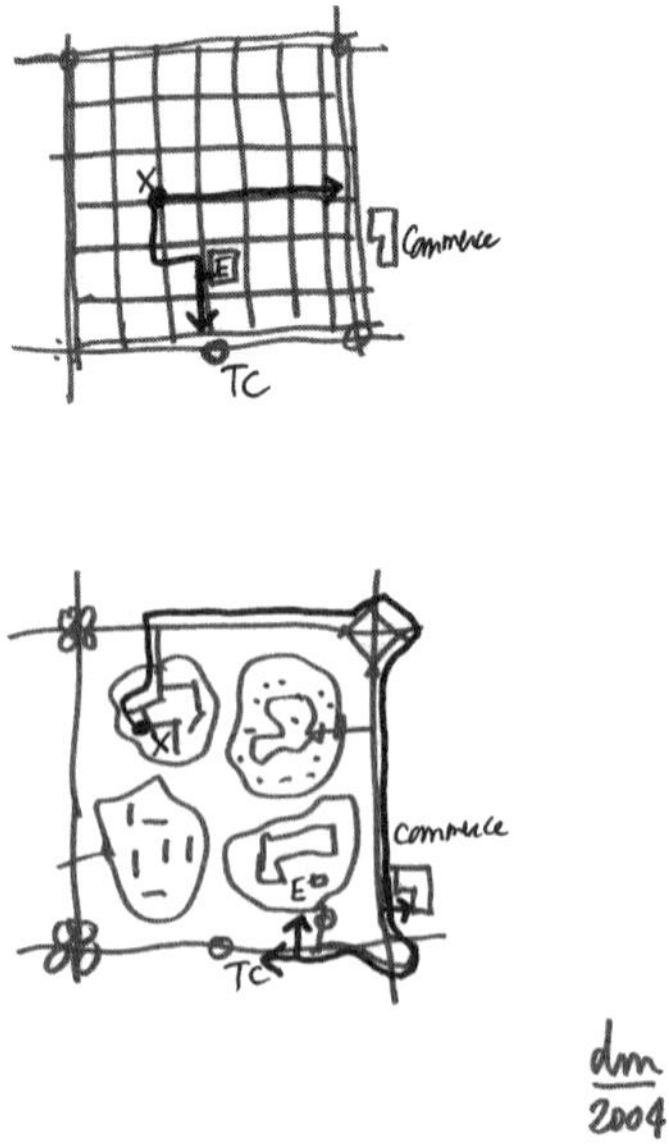

図4 「通り抜けられる都市」のイメージ――通り抜けられる都市（上）では自動車依存度が最小化し、学校（E)、商店（Commerce)、公共交通（TC）といった近隣サービスへのアクセスが容易で、不動産供給にも多様性が生まれる。他方、セキュリティの保証された環境の連続体（下）では自動車で大回りしなければどこへも行けず、セクト化された空間が増殖するばかりだ（©David Mangin、『フランチャイズ化される都市』より）

対面通行を維持した方が界隈へアクセスしやすく、自動車の減速をうながし、さらに双方向での荷物の集配が可能になるので効率的である。つまり、単一機能割り当て道路で強制的に交通をさばくより、交通手段間の相互作用を利用すべきなのだ。

自動車への過度の依存状況の解消は、むしろ公共交通の整備、徒歩や二輪車でアクセスできる場所への近隣サービスの誘導、駐車の制限、乗りかえが迅速なシステムの開発、あるいは複数の交通手段のある地域の拡充によれば良い。

マンジャンは言及していないものの、古いヨーロッパ諸国で復活が相ついでいる乗り物がある。トラムウェイ（路面電車）だ。フランスを例に取ると1930年に全土で70路線、3400㎞の総延長があったが、戦後、自動車中心の都市計画のせいで3路線を残すのみとなってしまった。それが、85年、自動車至上社会への嫌悪感のもとナントで復活したのを皮切りに12都市で復活し、約10都市で再生計画が立てられている。こうして公共交通分担率を回復し、さまざまな交通機関が共存する通り抜けられる都市空間が再構築されつつある。そして、多くの中心市街地活性化の報告がなされているのである（**写真1**）。

マンジャンは提案する

とはいえ、「道づくり」と「通り抜けられる都市」だけでは、フランチャイズド・シティにあらがえない。あわせて、自動車を運転できない子どもや高齢者が、徒歩や自転車でバス停や駅、あるいはパン屋や学校にアクセスできるように、都市の高密化が必要なのである。

ただ、マンジャンは、建築を集積させ人々がふれあって暮らす高密化と、単に建物の高さを競う高層化は異なるということに注意が必要だと言う。超高層マンションの団地の人口密度は、パリの市街地におけるそれの半分に過ぎない。高層化しても空地と道路がたくさん必要になるだけなのである。対して、現代人が好感を抱く歴史的界隈は、すべからく中層建物が密実に詰まり、人々の生活感にあふれる高密空間であることを思いだそう。そのために、いたずらな自然信仰とも手を切るべきだ。都市周縁部の高密化のためには、盲目的に自然を呼び込むより、零細農地と都市化進行地域の適度の混合を規則に取りこむこと

写真1　ストラスブールのトラムウェイ
—1990年に復活し、10年間で公共交通利用者を43%、中心市街地における買物客数を36%増加させた

写真2　パリ市第11区フォブール・サン・タントワンヌ界隈——シャッター商店街（左）が、雑種空間を保全的に刷新する市の都市計画に刺激されてよみがえった

の方が適切なのである。そして、これらを住民みずから実現できるしくみを造らなければならない。

　つまるところ、都市景観の非均質性を積極的に受け入れること、美よりも活力を好むこと、速度よりも流動性を重視すること、さらにとりわけ、都市が常にさまざまな尺度で変化する異なった部分の集合体であることを認める価値観の転換が必要なのである。

　マンジャンは、そのような都市を「雑種都市」と呼ぶ。確かに、犬にせよ猫にせよ、雑種は優等な雰囲気をもつわけではない。でも、どこか愛らしい。都市も同じで、血統書つきの空間ばかりではなく、ふつうの市民のための持続可能で多様な空間こそが必要なのである。

この提案を聞いていて、パリのフォブール・サン・タントワンヌ界隈のことを思いだした。それは家具職人の街で、美しくはない。でも、路地や中庭にそった作業場があり、直売店があり、緑地があり、あるいはカフェもあればパン屋もあり、愛らしい。詳細は拙著『オーダー・メイドの街づくり』にゆずるが、パリはさまざまな手段を駆使して、この下町の雑種性の持続を探求している（**写真2**）。実際、そぞろ歩きしながら感じる活気ときたらこの上ない。そういえば、マンジャンの設計事務所はこのすぐ近くにあるのであった。

3. 都市計画もがんばっている

それでもやはりフランスの都市と田園は美しい

これまで、フランスの郊外や中心市街地のフランチャイズ化をたどってきた。確かに、マンジャンの指摘は正しく、国土はますますフランチャイズ化されファスト風土が田園をむしばむ。しかし、マンジャンの憤りは、フランスの国土がそもそもとてつもなく美しいことで増幅されている。わたくしたち外国人にしてみれば、それでもやはりフランスの都市と田園は美しい。フランスの都市計画はがんばっていて、かなり効果的に国土のファスト風土化を防いでいるのである。そこで、わたくしの調査した都市計画のがんばりを紹介したい。

まず頭に入れておかなければならないのは、脱フランチャイズド・シティのための都市計画は、住民＝消費者のために立案されているということだ。以下に見る一連の施策は、郊外大規模店舗の事業者に不合理な足かせを強いたり、中心市街地の近隣商店街の店主たちの理由なきえこひいきを目的としているのではない。それは、あくまで住民＝消費者の便益の最大化を目標としている。さらには、コンパクト・シティの維持と持続的成長のための都市ストックの浪費防止という目標がある。これもまた、焼き畑式商業の発想の逆で、商業地域の形成を信じて居住地を選択した市民が、持続的に住みつづけられる便益を考慮したものだ。

その上で、フランスでは、①土地利用計画を利用した中心市街地の近隣商店街の保護、②商業都市計画というしくみを利用した大規模店舗の出店調整、③住宅政策を利用した中心市街地の居住促進という、三位一体の施策が展開されている。

中心市街地の近隣商店街をまもる

卵が先か鶏が先かの議論になるが、中心市街地の近隣商店街が衰退すると住民は流出するし、住民が流出すると近隣商店街が衰退する。いずれにせよ、得をするのは郊外大規模店舗で、それが国土のファスト風土化を引きおこす。そこでまず、近隣商店街の保護のために駆使されている土地利用計画を見てみよう。

たとえば、パリには全長にして1600㎞の道路があるが、そのうち250㎞におよぶ街路で1階にオフィスや住宅が入るのを禁止している。この250㎞のうち19㎞の1階はかならず商業か手工業としなければならない。また、21㎞は手工業保護が課される街路で、1階の既存手工業系床は手工業系床以外のものへ転用できず、商業系床は商業系床か手工業系床以外に転用できない。服飾や工芸などの職人（アルチザン）のアトリエが、近隣商店街とならんで保護されているのがいかにもパリらしい。また、なにより面白いのが、肉屋や魚屋、チーズ屋は職人とも見なされ、その店舗＝アトリエの転用が規制されていることだ。これは商店主たちのえこひいきではなく、その界隈の住民たちの居住の持続性のためである（**写真3**）。

写真3　パリ市第５区ムフタール街——街路沿いの建物１階の商店以外への転用規制により、旧来からの肉屋や魚屋が営業を続けて買物客でごったがえす

　パリは、この規則をふくめた新たな都市計画を考案中の２００４年5月、全市民を対象としたアンケートを実施した。近隣商店街の保護施策については90％が賛成としたのに対して、反対はわずか２％、わからないは3％にすぎない。

　パリの都市計画にはこの他にも、地区によって１階に商店や工房を入れた建物は都市計画規制の緩和を受けられる特典もあり、このたぐいの規制や誘導はフランスの都市計画で一般的である。

　確かに、大規模流通グループのフランチャイズ店が中心市街地にまで入りこみ、旧来の商店を圧迫している。しかし、パリのような土地利用計画を立てておけば、それらが焼き畑式の論理で店をたたんでも、住民＝消費者が残っているかぎり建物の1階部分には商店がじきに入居するし、そのための優遇措置もある。フランスの都市を歩いて感じる活気やみずみずしさは、このような保全的刷新型の都市計画に担保されているのだ。

郊外大規模店舗を制御する

フランスでは、1960年代後半から持ち家政策がすすめられた。そのため、郊外に戸建て住宅地が多く建設され、これに低所得者層のための団地が加わる。これらの空間に住む住民のために行政は郊外大規模店舗を認め、これが今日の国土のファスト風土化につながっている。

しかし、そのせいで中心市街地が衰退しはじめた73年、大規模店舗の出店調整のためのロワイエ法という法律が制定された。それにより、人口4万人未満の基礎自治体では1000㎡、それ以上の基礎自治体では1500㎡以上の店舗の新設には、建設許可を取る前に県の事前承認を取得することとされた。この法律はさらに96年、ラファラン法と呼ばれる法律により強化される。たとえば、人口による基礎自治体の差別化が撤廃された上に、許可が必要となる面積も300㎡に引きさげられた。また、シネコンやドライブ・イン・ホテルも規制の対象とされた。

フランス中小企業省発表の統計を見てみよう（**表3**）。97年度に1757件だった申請は2

表3　最近のフランスの商業都市計画審議件数

		1997	1998	1999	2000	2001	2002	2003	2004*
許可	件数	1199	1628	2280	2511	2298	2616	2724	2877
	面積(m^2)	1098494	1695567	2519258	2820987	2477079	2626043	2861993	3044658
不許可	件数	558	673	773	765	641	664	598	663
	面積(m^2)	625772	922886	1107737	1141907	909413	995056	850812	959597
合計	件数	1757	2301	3053	3276	2939	3280	3322	3540
	面積(m^2)	1724266	2618453	3626995	3962894	3386492	3621099	3712805	4004255
許可率(%)		68	71	75	77	78	80	82	81
平均面積(m^2)		981	1112	1190	1210	1152	1100	1118	1131
平均上訴率(%)		15	15	11	9	10	9	7	8

*2004年度分は、2005年３月１日までの判明分

００１年度に前年比で若干減ったものの、04年度には３５４０件となっている。申請された面積も97年度の約１７０万㎡から04年度の約４００万㎡へと２倍以上増加している。ただ、平均計画面積は97年度の９８１㎡から２０００年度の１２１０㎡に増加した後、翌年以降はおおむね１１００㎡台で安定している。

ともあれ、フランスでは全土でも３００㎡以上の大規模店舗は年間３００万㎡しか出店を許可されていない。その中には中心市街地への出店もあれば既存施設の再利用もふくまれるから、フランスの郊外を旅してどこぞの国ほどの国土のファスト風土化は見ずにすむ。事実、フランス国立統計・経済学研究所のまとめによれば、04年度にはハイパーマーケットの新規建設はついにゼロになり、既存施設の拡張が12・３万㎡とスーパーのハイパー化が11・７万㎡見られたのみである（ただし、05年度の中間集計では拡張＝５・４万㎡、新規建設＝４・０万㎡、スーパーのハイパー化＝５・１万㎡と揺りもどしが見られる）。そもそも、許可された３００万㎡全部が５万㎡のショッピングモールでも、

フランス全土で60店舗にすぎない。フランスの国土面積が日本の約1・5倍であることを勘案すれば、劇的な数とまでは言えまい。また、00年に制定された都市連帯・再生法なる法律により、商業都市計画による出店調整と土地利用計画との連携が強化され郊外開発をまとめてゆく努力もはじめられている。

さらにラファラン法で感心するのは、地域経済への影響評価や環境アセスメントを出店者に義務づけたことだ。たとえば、大規模店舗が雇用を産んでも中心市街地の近隣商店街で減少すればゼロ・サムであり、さらに賃金単価が下がれば労働者の生活水準を下げ、ひいては税収も減少する。そのような一連の影響について、出店側に挙証責任を負わせたのである。さらに自治体の側も、許可基準の明確化のために商業発展スキームという統計資料を策定しておくことが義務づけられた。

こうして、国土のフランチャイズ化とファスト風土化は、からくもその強度が緩和されているのである。

都市計画もがんばっている

ただ、郊外大規模店舗を制御し、中心市街地の近隣商店街を保護しても、住民＝消費者がいなければ意味がないから、フランスではそのためにいろいろな住宅政策が展開されている。

たとえば、2000年の都市連帯・再生法は、人口3500人以上（イル・ドゥ・フランス地方圏では1500人以上）で、5万人以上の人口集積地域に含まれる自治体は、今後20年以内に全居住用住宅の20％以上を社会住宅とするように命じている。この都市部での住宅供給促進策は精神規定ではなく、目標が達成できない場合には不足分1件につき150ユーロの罰金が科され、社会住宅供給資金に回されるという強力な決まりだ。また、基礎自治体の歳出の一部が予算の5％を超えない範囲で強制的に社会住宅供給に割り当てられる。

ところで、今日、フランスにおいては社会住宅＝公営住宅の新規建設ではない。同じアパルトマンでも、所得によって家賃がスライドする応能制度を採用しているため、「安かろう悪かろう」のイメージをくつがえしている。また、社会住宅の供給＝公営住宅の新規建設でもない。既存の民間アパートが公的改修資金助成を受け、その代わり家賃を定められた水準に保てば、それも社会住宅と見なされる。つまり、かつてのように低家賃の公営住宅を都市周縁部に集中的に建設し、下流社会の吹きだまりを形成してしまうことがないように配慮されている。

フランス全土で約800の基礎自治体がこの20％規則の対象となり、今後20年の間に毎年建設あるいは修復しなければならない戸数は2万戸に上る。関係する基礎自治体は、3年毎に最低不足分の15％の社会住宅の供給が義務付けられ、目標不達成の場合、課徴金が倍になり、オフィスの新設が禁止され、県知事による社会住宅建設の代執行の可能性がある。だから、各自

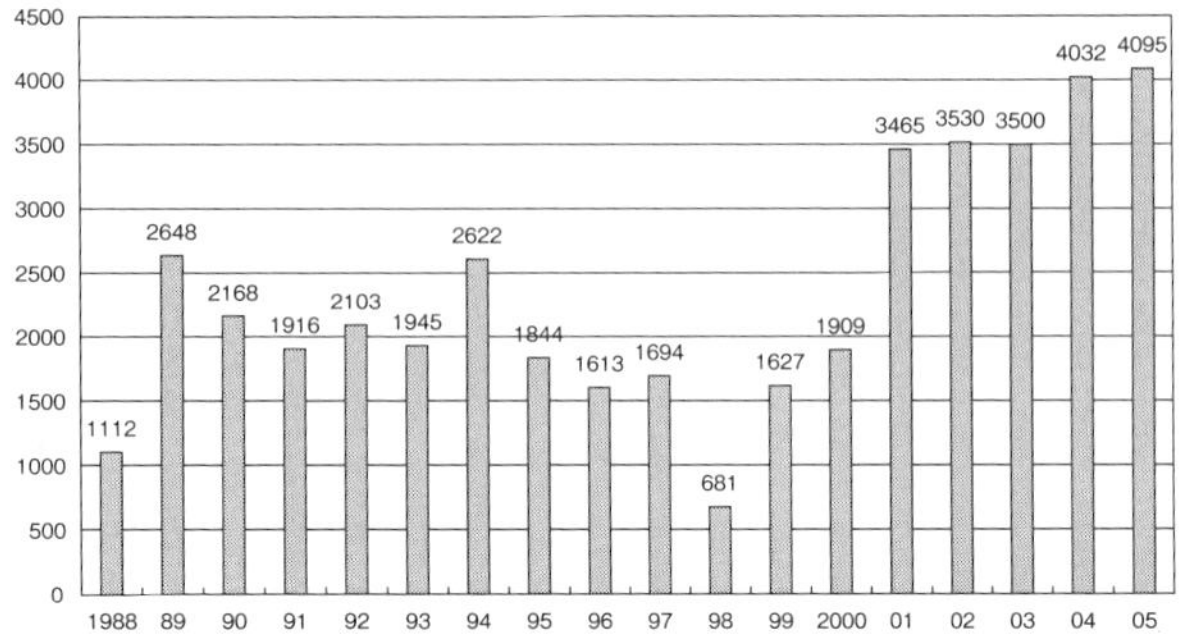

図5　パリ市の社会住宅支援1988-2005（縦軸：戸数、横軸：年度）

治体は目の色をかえている。

たとえば、パリではそもそもネオリベの傾向が強い右派が市政を掌握していた１９９５年度から01年度の間ですら合計９３３４戸、年平均で１５５６戸の支援がなされてきた。そして、左派市政の01年度から05年度の間には１万８６６２戸、年平均で３７２４戸の新規社会住宅に財政支援がなされている。パリの人口は２００万人強だから、いかに多くの社会住宅が供給されたかがわかる（**図5**）。そして、その甲斐あってか、99年の国勢調査まで長期低落傾向にあったパリの人口は、04年１月の推定値で約１%の増加に転じ、およそ１万８８００人増の約２１４万人に回復している。

ところで、01年度から05年度　に供給されたもののうち、新規建設されたのは29・４%なのに対し、修復工事のうえ供給された中古住宅は31・６%、軽微な整備をするか何もせずに供給された中古物件は39%となっており、保全的刷新型の住宅供給がなされていることがわかる。

この、パリ市のとりくみは一例にすぎない。都市連帯・再生法でフランスの大半の人口集積地帯に社会住宅建設促進が課されたのは前述のとおりだ。また、既存の都市型集合住宅のストックを保全的に刷新し、街なか居住を推進する持続可能な街づくりが政策化されている。

こうしてフランスでは中心市街地の近隣商店街を保護し、郊外大規模店舗を制御し、街なか居住をすすめるという三位一体の施策で、間接的とはいえ国土のフランチャイズ化とファスト風土化にあらがっている。都市計画もがんばっているのだ。

4. 古いヨーロッパ・フランスは抵抗する

先に引用した2002年3月22日付の『ル・モンド』紙の記事によると、今日、「買物にゆく」という表現からフランス人が連想するのは「かったるい」、さらには「たえがたい」というもので、大量生産物を大量消費する社会への嫌悪感が増大している。つまり、中心市街地の近隣商店街にせよ郊外大規模店舗にせよ、快適な購買環境の整備が重要となっており、フランスはその手探りのまっただなかにあると言える。そして、フランチャイズド・コマーシャルには逆風が吹いている。

まず、近年とみに高まっている食の安全性の問題が、小規模小売店舗に追い風になっている。00年10月にカルフールで狂牛病感染牛の肉が販売されたこともあり、安価でさえあれば安全性さえ等閑視するハイパーマーケットへの不信が高まった。農産物についても、遺伝子組換え作物への不信もあり有機農法作物をあつかう小売店舗が増加している。もちろん、大規模店舗も同様の戦略をとり、原産地表示などに力を入れはじめている。この良質の競争の結果は、消費者の食の安全性の向上と選択肢の多様化である。

　また、とりわけ食料品はあいかわらず小規模専門店が好まれている。価格差がそれほどなく、すこしくらい高価でも品質の良いものを選択することを合理とする消費者行動があるからで、商店主たちはスーパーを相手にして健闘している。事実、フランス国立統計・経済学研究所の06年6月と8月の月報によれば、最近の大規模店舗の面積や売り上げ面での伸張は必ずしも小規模店舗の凋落《ちょうらく》を意味せず、むしろ後者の減少に歯止めがかかりつつあるのだ。つまるところ、都市住民の嗜好を読みこみながら、自らの商業施設でできることを考えた上での棲み分けである。ここには、みずからを大規模店舗の被害者として、補助金をねだる某国の堕落した商店主たちのような姿はない。

　本稿執筆中、ある言葉に出会った。ウォルマート化（walmartisation）という造語である。英語ではすでに存在しているようだが、フランス語では初見であった。フランス版Wikipediaにすでに掲載されていて、それを初めて使ったのは共産党系新聞の『ユマニテ』の04年10月27日の記事のようだ。06年1月20日の同紙にも批判記事があり、その論拠としてウォルマートが労働組合をつくらせないことを挙げている。党派によってはこのような理論武装もある。かかる言葉の出現は、フランスでもウォルマート式商法への危機感が募っている傍証と言えよう。

地域コミュニティを自動車社会の推進で破壊するのみならず、労働者が艱難辛苦《かんなんしんく》の上に築きあげた団結権さえ認めないとなれば、共産党ならずとも、人権宣言の国・フランスではノンを突きつけられてしかるべきなのである。

イラク攻撃に古いヨーロッパは抵抗し、最終的にそれが理にかなっていたことは歴史の示すとおりである。同様に、古いヨーロッパは、ネオリベ＝グローバル化による国土のフランチャイズ化と田園のファスト風土化にも抵抗する。このことについても、歴史は古いヨーロッパに理があることを証明するだろうと思うのは、わたくしだけではあるまい。

おわりに

人間、いくら本を読んで知識を仕入れても、やはり百聞は一見にしかず、実際に生で現実に触れて実感しないと、物事はわからないものだ。

２００４年、フランス国立社会科学高等研究院に招かれて、私は日本の郊外化、ファスト風土化について講義をした。最初、なぜフランスに招かれたのか、わからなかった。パリなどのフランスの都市は、一歩その外に出れば美しい田園地帯が広がるとばかり思っていたからである。ところが、本書で鳥海氏が解説してくれているように、フランスですら、過去10年ほどの間に急激に郊外化が進んでいたのだ。２００５年、パリの郊外で暴動があったことからもわかるように、フランスではいま郊外がいろいろな意味で社会問題化しているらしい。だから、私が呼ばれたのだ。

パリに滞在中、ある企業の日本人駐在員にお会いした。その方の話を伺っていると、彼が日頃会っているフランス人がひどく階層的に偏っていることが気になった。はっきり言って上流階級だけなのだ。シャルルドゴール空港とパリ中心部を結ぶ列車から見える、貨物用コンテナに住む移民の姿は、彼の日常の業務からは限りなく遠い。日本人かフランス人かは問題ではない。同じ上流階級の人間同士が国を超えて交流している。一方、同じ国民でも階層が違えば会話を交わすことすらない。もちろん、異なる国の低い階層の人間同士は、一生出会うこともない。

これがグローバリゼーションということか。私はそう感じた。それまでアカデミズムの中の流行語というくらいにしか思っていなかったグローバリゼーションという言葉の示す事態が、私なりに目に見えたような気がした。世界中の市場を相手にビジネスを考える人間と、その人間の考えたビジネスモデルの中で歯車として働く人間、そして彼らが生産した物を消費する人間とが、はっきりと分断されている。ビジネスを考える人間同士は、日々情報を交換している。他方、歯車として働く人間と消費する人間は、まったくお互いを知らない。有名ブランドのスニーカーやサッカーボールが、遠く離れた国の貧しい少女が学校にも行けずに作ったものであることを、われわれはつい忘れてしまう。そもそもそんなことを知らずに使っている人の方が多い。その意味でそれらの商品には顔が見えない。人間が作ったものであるということすら忘れさせる。そしてブランドだけが見える。

そんな難しいことは考えず、世界中で作られた廉価な商品を大量に消費することが現代日本の大衆の使命である。過去10年か20年ほどの間に、日本中の地方は巨大な浪費空間に変わった。ファスト風土化だ。中心市街地の商店街がシャッター通りになるのは、単に商業者同士の競争の結果だと言って切り捨てるには、あまりに大きな社会的影響があるように思う。安いからといって、要らない物まで買って、金がなくなってサラ金に駆け込み、それで首が回らなくなった人間は無数にいる。労働で搾取されるのではなく、消費することで搾取される。それが現代だ。

確かに地方の生活は「豊か」になった。その代わり、安定が失われた。落ち着きがなくなった。どんな地方の人でも、夜中の三時に買い物ができるようになった。一年365日、元日ですら店は開き、そこで人は無駄な金を使うようになった。チャップリンの映画『モダン・タイムス』の自動車組立工は、目の前に流れてくる機械にひたすらボルトを締め、食べ物を機械で口に押し込まれて食べる。あたかもそれと同じように、現代の人間は目の前に流れてくる物を次々と消費し、消費するために働き、疲れ果て、本来持つべき人生への意欲すら失いつつあるかのようにも見える。それが下流社会の一断面だ。学力低下、フリーター問題なども、下流社会化、ファスト風土化と深く関わるテーマである。

本書は、朝日新書編集部の首藤由之氏が、『ファスト風土化する日本』(洋泉社新書y)の続編を書けないかという依頼をされてきたところから出発した。その後『下流社会』(光文社新書)がベストセラーになり、下流社会化とファスト風土化は実は同じグローバリゼーションの断面の違いだと、私自身、あらためて気がついた。グローバリゼーションが与える影響を経済、雇用、価値観などの側面から切り取った概念が下流社会であり、地域社会の変化という側面から切り取ったのがファスト風土化だと言える。

であれば、これをまとめて論じてみてはどうかと思って本書を企画した。そのためにはアメリカやフランスの状況を語る必要があるが、私ひとりではとても手に負えない。そこで、服部、藤田、鳥海、宮本四氏の力を借りることにした。服部ゼミの今泉智裕君も太田市の取材に協力してくれた。おかげで、濃密な本ができたと思う。末尾ながら感謝申し上げたい。

あとがきを書いていたらアメリカ中間選挙で民主党勝利のニュースが伝えられてきた。ブッシュに追従しただけの小泉政権の責任はどう問われるのだろうか。

三浦　展

２００６年11月

本書をより理解するためのブックガイド

【郊外論・都市論・風土論について】

東秀紀・他『「明日の田園都市」への誘い』彰国社、２００１年
三浦展『「家族と郊外」の社会学――「第四山の手」型ライフスタイルの研究』ＰＨＰ研究所、１９９５年
三浦展『「家族」と「幸福」の戦後史――郊外の夢と現実』講談社現代新書、１９９９年
三浦展『ファスト風土化する日本――郊外化とその病理』洋泉社新書ｙ、２００４年
三浦展『団塊世代を総括する』牧野出版、２００５年
三浦展編著『脱ファスト風土宣言――商店街を救え！』洋泉社新書ｙ、２００６年
David Mangin , La Ville franchisée - Formes et structures de la ville contemporaine, Paris, Éditions de la Villette, 2004, 398p
Sharon Zukin, Landscape of Power:From Detroit to Disney World,University of California Press,1993
Sharon Zukin,Point Of Purchase: How Shopping Changed American Culture,Routledge,2005

【社会論・世代論について】

伊豫谷登士翁・成田龍一編『山之内靖対談集　再魔術化する世界』御茶の水書房、２００４年
三浦展『下流社会――新たな階層集団の出現』光文社新書、２００５年

三浦展『「自由な時代」の「不安な自分」――消費社会の脱神話化」』晶文社、２００６年
三浦展『難民世代――団塊ジュニア下流化白書』ＮＨＫ生活人新書、２００６年
ジョージ・リッツァ『マクドナルド化する社会』正岡寛司監訳、早稲田大学出版部、１９９９年
ロバート・パットナム『孤独なボウリング　米国コミュニティの崩壊と再生』柴内康文訳、柏書房、２００６年
George Ritzer, Reenchanting a Disenchanted World:Revolutionizing the Means of Consumption, Pine Forge Press,2004
David K.Shipler, The Working Poor:Invisible In America , Vintage Books, 2005

【アメリカの郊外化について】

エリック・シュローサー『ファストフードが世界を食いつくす』楡井浩一訳、草思社、２００１年
ジョージ・リッツア『無のグローバル化――拡大する消費社会と「存在」の喪失』正岡寛司・山本光子・山本徹夫訳、明石書店、２００５年

【ウォルマートについて】

ビル・クィン『ウォルマートがアメリカをそして世界を破壊する』大田直子訳、成甲書房、２００３年
Charles Fishman, The Wal-Mart Effect: How the World's Most Powerful Company Really Works-and How It's Transforming the American Economy, The Penguin USA, 2006
John Dicker, The United States of Wal-Mart, Jeremy P. Tarcher Books, 2005

【アメリカの階層格差、貧困層について】
バーバラ・エーレンライク『ニッケル・アンド・ダイムド——アメリカ下流社会の現実』曽田和子訳、東洋経済新報社、2006年
バーバラ・エーレンライク『「中流」という階級』中江桂子訳、晶文社、1995年
ナオミ・クライン『ブランドなんか、いらない——搾取で巨大化する大企業の非情』松島聖子訳、はまの出版、2001年
Correspondents of New York Times Class Matters. Times Books(New York), 2005

【アメリカの教育について】
現代アメリカ教育研究会『特色を求めるアメリカ教育の挑戦——質も均等も』教育開発研究所、1990年
今村令子『永遠の「双子の目標」——多文化共生の社会と教育』東信堂、1990年
橋爪貞雄『二〇〇〇年のアメリカ—教育戦略——その背景と批判』黎明書房、1992年
黒崎勲『学校選択と学校参加——アメリカ教育改革の実験に学ぶ』東京大学出版会、1994年
佐藤三郎『アメリカ教育改革の動向——1985年「危機に立つ国家」から21世紀へ』教育開発研究所、1998年
小杉礼子・堀有喜衣『キャリア教育と就業支援——フリーター・ニート対策の国際比較』勁草書房、2006年

【フランス・ヨーロッパの都市問題について】

鳥海基樹『オーダー・メイドの街づくり——パリの保全的刷新型「界隈プラン」』学芸出版社、2004年
鳥海基樹『住宅政策なくして中心市街地の活性化なし——フランスに於ける中心市街地活性化のための三位一体の都市政策』丸善、2007年1月刊行予定
島村菜津『スローフードな人生！——イタリアの食卓から始まる』新潮文庫、2003年
望月真一『路面電車が街をつくる——21世紀フランスの都市づくり』鹿島出版会、2001年
『フランス暴動——階級社会の行方』（『現代思想』2006年2月増刊号）青土社、2006年
ジョゼ・ボヴェ他『地球は売り物じゃない！——ジャンクフードと闘う農民たち』新谷淳一訳、紀伊國屋書店、2001年
ジョゼ・ボヴェ『ジョゼ・ボヴェ——あるフランス農民の反逆』つげ書房新社、2002年
福島清彦『ヨーロッパ型資本主義——アメリカ市場原理主義との決別』講談社現代新書、2002年
福島清彦『アメリカ型資本主義を嫌悪するヨーロッパ』亜紀書房、2006年
ピエール・ブルデュー『市場独裁主義批判』加藤晴久訳、藤原書店、2000年

【執筆者紹介】

服部圭郎（はっとり・けいろう）
明治学院大学経済学部経済学科助教授。１９６３年東京都生まれ。東京大学工学部卒業、カリフォルニア大学バークレイ校環境デザイン学部大学院修士課程修了。専門は都市・地方計画、都市デザイン、フィールド・スタディ。著書に『人間都市クリチバ』（学芸出版社）、『サステイナブルな未来をデザインする知恵』（鹿島出版会）、共訳書に『都市の鍼治療』（丸善）など。

宮本冬子（みやもと・ふゆこ）
翻訳家。１９７６年埼玉県生まれ。99年、立教大学文学部を卒業。現在、都内某私立大の大学院博士課程在学中。社会学専攻。宮本冬子はペンネーム。

藤田晃之（ふじた・てるゆき）
筑波大学大学院人間総合科学研究科助教授。１９６３年茨城県生まれ。93年筑波大学大学院博士課程教育学研究科単位取得退学。95年、筑波大学より博士（教育学）取得。専門は教育制度学、中等教育論、キャリア開発支援論。著書に『キャリア開発教育制度研究序説』（教育開発研究所）、『新しいスタイルの学校――制度改革の現状と課題』（数研出版）など。

鳥海基樹（とりうみ・もとき）
首都大学東京建築学専攻准教授。１９６９年埼玉県生まれ。フランス国立社会科学高等研究院（ＥＨＥＳＳ）博士課程修了、博士（都市学）。元パリ都市計画アトリエ（ＡＰＵＲ）研修員。専門は都市設計。著書『オーダー・メイドの街づくり――パリの保全的刷新型「界隈プラン」』（学芸出版社）で第23回渋沢・クローデル賞ルイ・ヴィトン・ジャパン特別賞受賞。

三浦　展　みうら・あつし
消費社会研究家、マーケティング・アナリスト。1958年、新潟県生まれ。一橋大学社会学部卒業。パルコの情報誌「アクロス」編集長、三菱総合研究所主任研究員を経て、消費・都市・文化研究シンクタンク「カルチャースタディーズ研究所」を設立。『下流社会――新たな階層集団の出現』『難民世代』『ファスト風土化する日本――郊外化とその病理』『脱ファスト風土宣言――商店街を救え！』（編著）など著書多数。

朝日新書
019
下流同盟《かりゅうどうめい》
――格差社会《かくさしゃかい》とファスト風土《ふうど》

2006年12月30日第1刷発行

編著者　三浦　展
発行人　一色　清
編集人　岩田一平
カバーデザイン　アンスガー・フォルマー　田嶋佳子
印刷所　凸版印刷株式会社
発行所　朝日新聞社
〒104-8011　東京都中央区築地5-3-2
電話　03（3545）0131（代表）　振替　00190-0-155414

ISBN 4-02-273119-2
定価はカバーに表示してあります。

愛国の作法

姜　尚中

北朝鮮の核開発と中国の台頭。膠着する日中・日韓関係。いま、日本の舵取りが試されている。憲法、歴史とどう向き合うか。声高な愛国論で何が損なわれるのか。注目の政治学者が世に問う、この国の正しい愛し方。

御手洗冨士夫「強いニッポン」

構成・街風隆雄

2006年5月に日本経団連会長に就任した御手洗氏が、「日本株式会社」復活のための経営秘策を、初めて披露。日本のどこが優れていて、その潜在能力を引き出すにはどうすればよいか。不安を抱える日本のビジネスマンへの、待望の一冊。

使える読書

齋藤　孝

物語の筋を追うだけの読み方からは卒業しよう。一冊の本のなかから、筆者の渾身の一文をいかに切り取り、伝え、日々の生活に生かすか。齋藤流キーワード速読法による目からウロコの読書術。「AERA」人気連載から51本のコラムを厳選再録。

村上春樹はくせになる

清水良典

ノーベル文学賞最有力と言われる村上春樹。日本現代文学を代表する作家は、世界中の読者もまた魅了する。現代人と村上文学との接点を、デビュー作『風の歌を聴け』から最新長編『アフターダーク』まで、彼の代表作を通じて読み解く。

サラリーマンは2度破産する

藤川　太

収入はそこそこあるのに、なぜかお金がたまらない……漠然と感じているなら、あなたの家計は、危険な領域。しかし、あわてないで。コストカット、貯蓄、運用、正しいマネー管理で家計はみるみる生き返る。不安を安心に変える一冊。

新書365冊

宮崎哲弥

斯界きっての「新書読み」、宮崎哲弥の「新書」評（月刊誌「諸君！」連載）がついに書籍化！　ジャンル別良書の紹介に加え、「ワースト新書」など、新書好き読者の関心に応える内容をてんこ盛り。新書ガイド＋新時代の教養案内。

ルノワールは無邪気に微笑む
――芸術的発想のすすめ

千住 博

芸術とは、「美」を通した、自分と他者とのコミュニケーションである。そんな持論の日本画の第一人者が、ファンの素朴な疑問を、明快に一刀両断。ピカソのどこが魅力？ 子どもの感性教育は？ いま、芸術の本当の姿が浮かび上がる。

日中2000年の不理解
――異なる文化「基層」を探る

王 敏

同じ漢字を使い肌の色も同じなのに、なぜ日本人と中国人はわかりあえないのか。日本滞在20年余の中国人女性の日本研究者（法政大教授）が、日中の伝説や説話、童話などを駆使し、日中文化の違いが引き起こす摩擦の真相を明かす。

妻が得する熟年離婚

荘司雅彦

熟年離婚に悩む女性に、豊富な法律相談の経験を持つ弁護士が、さまざまな状況に応じたアドバイスを送る。悩む妻たちの姿を5編の小説に仕立て、理解しづらい法律用語やトラブルをやさしく解説。妻の心理を知りたい、財産を守りたい男性も必読。

情報のさばき方
――新聞記者の実戦ヒント

外岡秀俊

朝日新聞の名文記者から編集局長になった筆者が、初めて情報処理の秘訣を明かした。五つの基本原則を縦横無尽に使いこなせば、苦労せずに、効率的に、情報の海を泳ぎ切れる。ビジネスリポート、営業報告書にも応用可！

天皇家の宿題

岩井克己

女系天皇のいったい何が問題なのか。雅子妃は何に病んだのか。お世継ぎ誕生は皇室を救うか。皇室取材20年、数々のスクープをものにし、新聞協会賞を受賞、天皇家を最もよく知る記者が、知られざる皇室の内情に深く切り込み、鋭く問題提起する。

安倍政権の日本

星 浩

「安倍政権は、自民党の『終わりの始まり』である」――テレビでおなじみの朝日新聞編集委員が、安倍政権の成立過程、展望を表裏から描く緊急ドキュメント。政権の本質を重層的にとらえる読みごたえ抜群のノンフィクション。

朝日新書

ヒルズ黙示録・最終章

大鹿靖明

いまや佳境のライブドア・堀江貴文被告の裁判。まもなく始まる村上ファンド・村上世彰被告の裁判。疑惑の真相、検察との暗闘の核心に迫る。著者はＡＥＲＡ記者。評判の『ヒルズ黙示録』の野心的完結編。

これが憲法だ!

長谷部恭男・杉田 敦

風雲急を告げる憲法改正。斯界をリードする憲法学者と政治学者が、9条、集団的自衛権、日米安保、人権など主要争点を徹底的に議論。目からウロコの発言を読めば、あなたも憲法改正に一家言を持つ「憲法の達人」に。

天才になりたい

山里亮太

南海キャンディーズの山ちゃんこと山里亮太の青春記。好きなことを実現するために戦略をたて努力する山ちゃんの姿は、ニートやフリーターの若者、その親たちの共感を呼び勇気を与える。朝日新書の中でも異色の一冊。

早実vs.駒大苫小牧

中村 計・木村修一

初優勝を狙う早実と、3連覇を目指す駒大苫小牧の世紀の2日間の死闘を、徹底ドキュメント。さらに、早実の斎藤投手、駒大の田中投手にも完全密着。2006年夏のドラマの舞台裏に迫り、現代高校野球の姿を浮き彫りにする。

おれちん——現代的唯我独尊のかたち

小倉紀蔵

韓流でブレークした気鋭の韓国哲学者が、日本人の新しい類型を発見した。それは、「おれちん」。自己顕示欲が強く、コミュニケーション能力が欠如した「新族」。代表的「おれちん」の小泉前首相らを解体分析した、次代の日本人論。